कुछ विचार

(साहित्य और भाषा-सम्बन्धी कुछ विचार)

प्रेमचंद

डायमंड पॉकेट बुक्स

प्रकाशक : डायमंड पॉकेट बुक्स (प्रा.) लि.
X-30 ओखला इंडस्ट्रियल एरिया, फेज-II
नई दिल्ली-110020
फोन : 011-40712200
ई-मेल : sales@dpb.in
वेबसाइट : www.diamondbook.in
मुद्रक : रेप्रो (इंडिया)

Kuchh Vichar
By : Premchand

प्रगतिशील विचारक प्रेमंचद

प्रेमचंद एक ऐसे रचनाकार हैं जो अपने से जुड़ने के लिए भी बनी-बनायी तिरपाल का भरोसा नहीं करते। वे खुद अपनी ज़मीन गोड़ते हैं। उसमें से पात्र तलाशते हैं। यही वजह है कि वे पात्र को उत्कृष्ट और आदर्श बनाने के लिए उसे खीचंतान कर निर्दोष साबित करने पर उतारू नहीं होते। यदि अपनी सहज जीवन-यात्रा में कोई पात्र निर्दोष है तब तो ठीक है और नहीं तो उससे पात्र के समग्र जीवन पर कोई फर्क नहीं पड़ता। जैसे कहा जाता है कि इतिहास में सब कुछ जस का तस है, फिर भी असत्य लगता है और कहानी में ज्यादातर काल्पनिक होता है, फिर भी सच लगता है। प्रेमचंद समय के गतिशीलता के रचनाकार हैं, इसलिए जस का तस लेखन उनका ध्येय नहीं है। उनकी कोशिश यह भी है कि समाज का वर्तमान चेहरा बदले और वह जीने लायक बन सके। लेकिन इसके लिए वे धर्म और नीति का दामन थामकर समता लाने के लिए आंगन नहीं लीपते। उनकी भाषा में 'हरकत' और 'गर्मी' का पैदा होना एक जरूरी प्रत्यय है। इसके बिना कविता भी निरर्थक है। सिर्फ भावोत्तेजना क्षणिक गुब्बार भर है। इससे कुछ होता नहीं। सिर्फ दोस्तोवस्की जैसी मनोभावों की दुर्वसता प्रकट होती है। लेकिन प्रेमचंद के पात्रों में, वातावरण में दैन्य भले हो, क्योंकि वह परिवेश की मांग है, पलायन नहीं है। चाहे 'निर्मला' हो 'होरी' हो कोई हो। प्रेमचंद का पात्र आपकी मुट्ठियों में तनाव भरता है और जूझने की ताकत भी भरता रहता है। स्थितियों की लाचारी और व्यवस्था के खिलाफ हवा से गुजरते भी प्रेमचंद प्राचीन आदर्शवाद के समर्थक हैं। उनका नवीन है कि बदलाहट के लिए गांधी की अहिंसा से बेहतर कोई रास्ता नहीं है। 1931 में हंस में उन्होंने लिखा था — 'हिंसा का भूत हमारे सिर पर सवार हुआ और हमारा सर्वनाश हुआ। केवल भौतिक अहिंसा से भी काम नहीं चलेगा। हमें मनसा, वाचा और कर्मणा अहिंसा को अपनाना होगा। वे कहते रहे गांधी का उद्देश्य यही है कि मजदूर और किसान सुखी हो। वे आंदोलन चला रहे हैं और मैं उन्हें लिखकर उत्साह दे रहा हूं। गांधी हिन्दू-मुसलमानों में एकता चाहते हैं और मैं हिन्दी-उर्दू को मिलकर हिन्दुस्तानी बनाना

चाहता हूं।

कथाप्रदेश को लेकर, कथाकर्म और कथा-काया पर भी प्रेमचंद की सोच अलग थी। वे इस बात के खिलाफ थे कि यूरोपीय लेखन के वतर्ज भारतीय लेक़न भी चले। इसे वे कहानी लेखन की सहजता में बाधा मानते थे। इसी वजह से डिकेन्स, हार्डी और ब्रांटी आदि की तुलना में मोपांसा, बालजक और पीयरसोटी जैसे रचनाकार उनके लिए महत्वपूर्ण थे। तोलस्तोय उनके लिए जरूरी कथाकार थे।

'प्रेमचंद कुछ विचार' दरअसल, उनके कुछ निबंध हैं। इसमें उर्दू, हिन्दी, हिन्दुस्तानी, कहानी-कथा, राष्ट्रभाषा हिन्दी की समस्याएं जैसे विषयों पर अलग-अलग स्थान पर कहा है। वे अपनी कहन में भी चुन्नटी नहीं थे। बहुत साफ तरीके से अपनी बात रखते हुए प्रेमचंद हिचकिचाते नहीं। उन्होंने लखनऊ में हुए प्रगतिशील लेकर संघ के सभापत्तिव से बोलते हुए 'प्रगतिशील' शब्द पर ही आपत्ति दर्ज कराई थी। उनका कहना है वह रचनाकार हो ही नहीं सकता जो प्रगतिशील नहीं है। उनका वह भाषण भी इसी पुस्तक में है।

— प्रदीप पंडित

अनुक्रम

साहित्य का उद्देश्य	7
कहानी-कला 1	21
कहानी-कला 2	25
कहानी-कला 3	31
उपन्यास	36
उपन्यास का विषय	45
एक भाषण	51
जीवन में साहित्य का स्थान	64
उर्दू, हिन्दी और हिंदुस्तानी	71
राष्ट्रभाषा हिंदी और उसकी समस्याएँ	80
क़ौमी भाषा के विषय में कुछ प्रश्न	94

साहित्य का उद्देश्य

सज्जनों,

यह सम्मेलन हमारे साहित्य के इतिहास में स्मरणीय घटना है। हमारे सम्मेलनों और अंजुमनों में अब तक आम तौर पर भाषा और उसके प्रचार पर ही बहस की जाती रही है। यहाँ तक कि उर्दू और हिन्दी का जो आरम्भिक साहित्य मौजूद है, उसका उद्देश्य, विचारों और भावों पर असर डालना नहीं, किन्तु केवल भाषा का निर्माण करना था। वह भी एक बड़े महत्त्व का कार्य था। जब तक भाषा एक स्थायी रूप न प्राप्त कर ले, उसमें विचारों और भावों को व्यक्त करने की शक्ति ही कहाँ से आएगी ? हमारी भाषा के 'पायनियरों' ने — रास्ता साफ़ करने वालों ने — हिन्दुस्तानी भाषा का निर्माण करके जाति पर जो एहसान किया है, उसके लिए हम उनके कृतज्ञ न हों तो यह हमारी कृतघ्नता होगी।

भाषा साधन है, साध्य नहीं। अब हमारी भाषा ने वह रूप प्राप्त कर लिया है कि हम भाषा से आगे बढ़कर भाव की ओर ध्यान दें और इस पर विचार करें कि जिस उद्देश्य से यह निर्माण कार्य आरम्भ किया गया था, वह क्योंकर पूरा हो। वही भाषा जिसमें आरम्भ में 'बागो-बहार' और 'बैताल-पचीसी' की रचना ही सबसे बड़ी साहित्य-सेवा थी, अब इस योग्य हो गई है कि उसमें शास्त्र और विज्ञान के प्रश्नों की भी विवेचना की जा सके और यह सम्मेलन इस सच्चाई की स्पष्ट स्वीकृति है।

भाषा बोलचाल की भी होती है और लिखने की भी। बोल-चाल की भाषा तो मीर, अम्मन और लल्लूलाल के जमाने में भी मौजूद थी; पर उन्होंने जिस भाषा की दाग बेल डाली वह लिखने की भाषा थी और वही साहित्य है। बोलचाल से हम अपने क़रीब के लोगों पर अपने विचार प्रकट करते हैं — अपने हर्ष-शोक के भावों का चित्र खींचते हैं। साहित्यकार वही काम लेखनी द्वारा करता है। हाँ, उसके

श्रोताओं की परिधि बहुत विस्तृत होती है, और अगर उसके बयान में सच्चाई है तो शताब्दियों और युगों तक उसकी रचनाएँ हृदयों को प्रभावित करती रहती हैं।

परन्तु मेरा अभिप्राय यह नहीं हैं जो कि कुछ लिख दिया जाये, वह सबका सब साहित्य है साहित्य उसी रचना को कहेंगे, जिसमें कोई सच्चाई प्रकट की गई हो, जिसकी भाषा प्रौढ़, परिमार्जित और सुन्दर हो, और जिसमें दिल और दिमाग़ पर असर डालने का गुण हो और साहित्य में यह गुण पूर्ण रूप में उसी अवस्था में उत्पन्न होता है, जब उसमें जीवन की सच्चाईयाँ और अनुभूतियाँ व्यक्त की गई हों। तिलिस्माती कहानियों, भूत-प्रेत की कथाओं और प्रेम-वियोग के आख्यानों से किसी जमाने में हम भले ही प्रभावित हुए हों, पर अब उनमें हमारे लिए बहुत कम दिलचस्पी है। इसमें सन्देह नहीं कि मानव-प्रकृति का मर्मज्ञ साहित्यकार राजकुमारों की प्रेम-गाथाओं और तिलिस्माती कहानियों में भी जीवन की सच्चाईयाँ वर्णन कर सकता है, और सौंदर्य की सृष्टि कर सकता है; परन्तु इससे भी इस सत्य की पुष्टि ही होती है कि साहित्य में प्रभाव उत्पन्न करने के लिए यह आवश्यक है कि वह जीवन की सच्चाईयों का दर्पण हो। फिर आप उसे जिस चौखटे में चाहें लगा सकते हैं — चिड़े की कहानी और गुलो-बुलबुल की दास्तान भी उसके लिए उपयुक्त हो सकती है।

साहित्य की बहुत-सी परिभाषाएँ की गई हैं, पर मेरे विचार, से उसकी सर्वोत्तम परिभाषा 'जीवन की आलोचना' है। चाहे वह निबंध के रूप में हो, चाहे कहानियों के या काव्य के, उसे हमारे जीवन की आलोचना और व्याख्या करनी चाहिए।

हमने जिस युग को अभी पार किया है, उसे जीवन से कोई मतलब न था। हमारे साहित्यकार कल्पना की सृष्टि खड़ी कर उसमें मनमाने तिलिस्म बाँधा करते थे। कहीं फ़िसानये अजायब की दास्तना थी, कहीं बोस्ताने खयांल की और कहीं चंद्रकांता संतति की। इन आख्यानों का उद्देश्य केवल मनोरंजन था और हमारे अद्‌भुत रस-प्रेम की तृप्ति। साहित्य का जीवन से कोई लगाव है, यह कल्पनातीत था। कहानी कहानी है, जीवन जीवन, दोनों परस्पर विरोधी वस्तुएँ समझी जाती थीं। कवियों पर भी व्यक्तिवाद का रंग चढ़ा हुआ था। प्रेम का आदर्श वासनाओं को तृप्त करना था, और सौदर्य का आँखों को। इन्ही शृंगारिक भावों को प्रकट करने में कवि-मंडली अपनी प्रतिभा और कल्पना के चमत्कार दिखाया करती थी। पद्य में कोई नई शब्द-योजना नई कल्पना का होना दाद पाने के लिए काफी था — चाहे वह वस्तु-स्थिति से कितनी ही दूर क्यों न हो। आशियाना (= घोंसला) और क़फ़स (= पींजरा), बर्क़ (= बिजली) और खिरमन की कल्पनाएँ विरह दशा के वर्णन में निराशा और वेदना की विविध अवस्थाएँ, इस खूबी से दिखाई जाती थीं कि सुनने वाले दिल थाम लेते थे और आज भी इस ढंग की कविता कितनी लोकप्रिय है, इसे हम और आप खूब जानते हैं।

निस्संदेह, काव्य और साहित्य का उद्देश्य हमारी अनुभूतियों की तीव्रता को बढ़ाना है; पर मनुष्य का जीवन केवल स्त्री-पुरुष-प्रेम का जीवन नहीं है। क्या वह साहित्य, जिसका विषय शृंगारिक मनोभावों और उनसे उत्पन्न होने वाली विरह-व्यथा, निराशा आदि तक ही सीमित हो — जिसमें दुनिया की कठिनाइयों से दूर भागना ही जीवन की सार्थकता समझी गई हो, हमारी विचार और भाव सम्बन्धी आवश्यकताओं को पूरा कर सकता है ? शृंगारिक मनोभाव मानव-जीवन का अंग मात्र है, और जिस साहित्य का अधिकांश इसी से सम्बन्ध रखता हो, वह उस जाति और उस युग के लिए गर्व करने की वस्तु नहीं हो सकता और उसकी सुरुचि का ही प्रमाण हो सकता है।

क्या हिन्दी और क्या उर्दू — कविता में दोनों की एक ही हालत थी। उस समय साहित्य और काव्य के विषय में जो लोक रुचि थी, उसके प्रभाव से अलिप्त रहन सहज न था। सराहना और क़द्रदानी की हवस तो हर एक हो होती है। कवियों के लिए उनकी रचना ही जीविका का साधन थी और कविता की क़द्रदानी रईसों अमीरों के सिवा और कौन कर सकता है ? हमारे कवियों को साधारण जीवन का सामना करने और उसकी सच्चाईयों से प्रभावित होने के या तो अवसर ही न थे, या हर छोटे-बड़े पर कुछ ऐसी मानसिक गिरावट छायी हुई थी कि मानसिक और बौद्धिक जीवन रह ही न गया था।

हम इसका दोष उस समय के साहित्यकारों पर ही नहीं रख सकते। साहित्य अपने काल का प्रतिबिम्ब होता है। जो भाव और विचार लोगों के हृदयों को स्पंदित करते हैं, वही साहित्य पर भी अपनी छाया डालते हैं। ऐसे पतन के काल में लोग या तो आशिकी करते हैं, या अध्यात्म और वैराग्य में मन रमाते हैं। जब साहित्य पर संसार की नश्वरता का रंग चढ़ा हो, और उसका एक-एक शब्द नैराश्य में डूबा, समय की प्रतिकूलता के रोने से भरा और शृंगारिक भावों का प्रतिबिम्ब बना हो, तो समझ लीजिए कि जाति जड़ता और ह्रास के पंजे में फँस चुकी है और उसमें उद्योग तथा संघर्ष का बल बाकी नहीं रहा। उसमें ऊँचें लक्ष्यों की ओर से आँखें बन्द कर ली हैं और उसमें से दुनिया को देखने-समझने की शक्ति लुप्त हो गई है।

परन्तु हमारी साहित्यिक रूचि बड़ी तेजी से बदल रही है अब साहित्य केवल मन बहलाव की चीज नहीं है, मनोरंजन के सिवा उसका और कुछ भी कुछ उद्देश्य है। अब वह केवल नायक-नायिका के संयोग-वियोग की कहानी नहीं सुनाता, किन्तु जीवन की समस्याओं पर भी विचार करता है, और उन्हें हल करता है। अब वह स्फूर्ति या प्रेरणा के लिए अद्भुत आश्चर्यजनक घटनाएँ नहीं ढूंढता और न अनुप्रास का अन्वेषण करता है, किन्तु उसे उन प्रश्नों से दिलचस्पी है जिनसे समाज या व्यक्ति प्रभावित होते हैं उसकी उत्कृष्टता की वर्तमान कसौटी अनुभूति की वह तीव्रता है, जिससे

वह हमारे भावों और विचारों में गति पैदा करता है।

नीति-शास्त्र और साहित्य-शास्त्र का लक्ष्य एक ही है — केवल उपदेश की विधि में अन्तर है। नीति-शास्त्र तर्कों और उपदेशों के द्वारा बुद्धि और मन पर प्रभाव डालने का यत्न करता है, साहित्य ने अपने लिए मानसिक अवस्थाओं और भावों का क्षेत्र चुन लिया है। हम जीवन में जो कुछ देखते हैं, या जो कुछ हम पर गुजरती है, वही अनुभव और चोट कल्पना में पहुँचकर साहित्य-सृजन की प्रेरणा करती हैं। कवि या साहित्यकार में अनुभूति की जितनी तीव्रता होती है, उसकी रचना उतनी ही आकर्षक और ऊँचे दरजे की होती है। जिस साहित्य से हमारी सुरुचि न जागे, आध्यात्मिक और मानसिक तृप्ति न मिले, हममें शक्ति और सच्चा संकल्प और कठिनाइयों पर विजय पाने की सच्ची दृढ़ता न उत्पन्न करे, वह आज हमारे लिए बेकार है, वह साहित्य कहलाने का अधिकारी नहीं।

पुराने ज़माने में समाज की लगाम मज़हब के हाथ में थी। मनुष्य को आध्यात्मिक और नैतिक सभ्यता का आधार धार्मिक आदेश था और वह भय का प्रलोभन से काम लेता था — पुण्य पाप के मसले उसके साधन थे।

अब, साहित्य ने यह काम अपने जिम्मे ले लिया है और उसका साधन सौंदर्य-प्रेम है। वह मनुष्य में इसी सौंदर्य-प्रेम को जगाने का यत्न करता है। ऐसा कोई मनुष्य नहीं, जिसमें सौंदर्य की अनुभूति न हो। साहित्यकार में यह वृत्ति जितनी ही जागृत और सक्रिय होती है, उसकी रचना उतनी ही प्रभावमयी होती है। प्रकृति-निरीक्षण और अपनी अनुभूति की तीक्ष्णता की बदौलत उसके सौंदर्य-बोध में इतनी तीव्रता आ जाती है कि जो कुछ असुन्दर है, अभद्र है, मनुष्यता से रहित है, वह उसके लिए असह्य हो जाता है। उस पर शब्दों और भावों की सारी शक्ति से वार करता है। यों कहिए कि वह मानवता, दिव्यता और भद्रता का ताना-बाना बांधे होता है। जो दलित है, पीड़ित है, वंचित है — चाहे वह व्यक्ति हो या समूह, — उसकी हिमायत और वकालत करना उसका फर्ज है। उसकी अदालत के सामने वह अपना इस्तगासा पेश करता है और उसकी न्याय-वृत्ति तथा सौंदर्य-वृत्ति को जागृत करके अपना यत्न सफल समझता है।

पर साधारण वकीलों की तरह साहित्यकार अपने मुवक्किल की ओर से उचित-अनुचित सब तरह के दावे नहीं पेश करता, अतिरंजना से काम नहीं लेता, अपनी ओर से बातें गढ़ता नहीं। वह जानता है कि इन युक्तियों से वह समाज की अदालत पर असर नहीं डाल सकता। उस अदालत का हृदय-परिवर्तन तभी सम्भव है जब आप सत्य से तनिक भी विमुख न हों, नहीं तो अदालत की धारणा आपकी ओर से खराब हो जायेगी और वह आपके खिलाफ़ फैसला सुना देगी। वह कहानी लिखता है, पर वास्तविकता का ध्यान रखते हुए; मूर्ति बनाता है, पर ऐसी कि उसमें सजीवता हो और

भावव्यंजकता भी — वह मानव-प्रकृति का सूक्ष्म दृष्टि से अवलोकन करता है, मनोविज्ञान का अध्ययन करता है और इसका यत्न करता है कि उसके पात्र हर हालत में और हर मौके पर, इस तरह आचरण करें, जैसे रक्तमाँस का बना मनुष्य करता है; अपनी सहज सहानुभूति और सौंदर्य-प्रेम के कारण वह जीवन के उन सूक्ष्म स्थानों तक जा पहुँचता है, जहाँ मनुष्य अपनी मनुष्यता के कारण पहुँचने में असमर्थ होता है।

आधुनिक साहित्य में वस्तु-स्थिति चित्रण की प्रवृत्ति इतनी बढ़ रही है कि आज की कहानी यथासम्भव प्रत्यक्ष अनुभवों की सीमा के बाहर नहीं जाती। हमें केवल इतना सोचने से ही संतोष नहीं होता कि मनोविज्ञान की दृष्टि से ये सभी पात्र मनुष्यों से मिलते-जुलते हैं; बल्कि हम यह इत्मीनान चाहते हैं कि वे सचमुच मनुष्य हैं; और लेखक ने यथासम्भव उनका जीवन-चरित्र ही लिखा है; क्योंकि कल्पना के गढ़े हुए आदमियों मे हमारा विश्वास नहीं है, उनके कार्यों और विचारों से हम प्रभावित नहीं होते। हमें इसका निश्चय हो जाना चाहिए कि लेखक ने जो सृष्टि की है, वह प्रत्यक्ष अनुभवों के आधार पर की गई है और अपने पात्रों की जुबान से वह खुद बोल रहा है।

इसीलिए साहित्य को कुछ समालोचकों ने लेखक का मनोवैज्ञानिक जीवन-चरित्र कहा है।

एक ही घटना या स्थिति से सभी मनुष्य समान रूप में प्रभावित नहीं होते। हर आदमी की मनोवृत्ति और दृष्टिकोण अलग है। रचना-कौशल इसी में है कि लेखक जिस मनोवृत्ति या दृष्टिकोण से किसी बात को देखे, पाठक भी उसमें उससे सहमत हो जाये। यही उसकी सफलता है। इसके साथ ही हम साहित्यकार से यह भी आशा रखते हैं कि वह अपनी बहुज्ञता और अपने विचारों की विस्तृति से हमें जागृत करे, हमारी दृष्टि तथा मानसिक परिधि को विस्तृत करे — उसकी दृष्टि इतनी सूक्ष्म, इतनी गहरी और इतनी विस्तृत हो कि उसकी रचना से हमें आध्यात्मिक आनन्द और बल मिले।

सुधार की जिस अवस्था में वह हो, उससे अच्छी अवस्था आने की प्रेरणा हर आदमी में मौजूद रहती है। हममें जो कर्मचारियाँ हैं, वह मर्ज की तरस हमसे चिपटी हुई हैं। जैसे शारीरिक स्वास्थ्य एक प्राकृतिक बात है और रोग उसका उल्टा, उसी तरह नैतिक और मानसिक स्वास्थ्य भी प्राकृतिक बात है और हम मानसिक तथा नैतिक गिरावट से उसी तरह संतुष्ट नहीं रहते, जैसे कोई रोगी अपने रोग से संतुष्ट नहीं रहता, जैसे वह सदा किसी चिकित्सक की तलाश में रहता है, उसी तरह हम भी इस फिक्र में रहते हैं कि किसी तरह अपनी कमज़ोरियों को परे फेंककर अधिक अच्छे मनुष्य बनें। इसीलिए हम साधु-फ़कीरों की खोज में रहते हैं, पूजा-पाठ करते हैं, बड़े-बूढ़ों के पास बैठते हैं, विद्वानों के व्याख्यान सुनते हैं और साहित्य का अध्ययन करते हैं।

और हमारी सारी कमजोरियों की जिम्मेदारी हमारी कुरुचि और प्रेम-भाव से वंचित होने पर है। जहाँ सच्चा सौंदर्य-प्रेम है, जहाँ प्रेम की विस्तृति है, वहाँ कमज़ोरियाँ कहाँ रह सकती हैं ? प्रेम ही तो आध्यात्मिक भोजन है और सारी कमज़ोरियाँ इसी भोजन के न मिलने अथवा दूषित भोजन के मिलने से पैदा होती हैं। कलाकार हममें सौंदर्य की अनुमति उत्पन्न करता है और प्रेम की उष्णता उसका एक वाक्य, एक शब्द, एक संकेत, इस तरह हमारे अन्दर जा बैठता है कि हमारा अन्तःकरण प्रकाशित हो जाता है। पर जब तक कलाकार खुद सौंदर्य-प्रेम से छक्कर मस्त न हो और उसकी आत्मा स्वयं इस ज्योति से प्रकाशित न हो, वह हमें यह प्रकाश क्योंकर दे सकता है ?

प्रश्न यह कि सौंदर्य है क्या वस्तु ? प्रकटतः यह प्रश्न निरर्थक-सा मालूम होता है, क्योंकि सौंदर्य के विषय में हमारे मन में कोई शंका — संदेह नहीं। हमने सूरज का उगना और डूबना देखा है, उषा और संध्या की लालिमा देखी है, सुंदर सुगंध भरे फूल देखे हैं, मीठी बोलियाँ बोलनेवाली चिड़ियाँ देखी हैं, कल-कल-निनदिनी नदियाँ देखी हैं, नाचते हुए झरने देखे हैं, — यही सौंदर्य है।

इन दृश्यों को देखकर हमारा अन्तःकरण क्यों खिल उठता है ? इसलिए कि इनमें रंग या ध्वनि का सामंजस्य है। बाजों का स्वरसाम्य अथवा मेल ही संगीत की मोहकता का कारण है। हमारी रचना ही तत्त्वों के समानुपात में संयोग से हुई है, इसलिए हमारी आत्मा सदा उसी साम्य की, सामंजस्य की खोज में रहती है। साहित्य कला के आध्यात्मिक सामंजस्य का व्यक्त रूप है और सामंजस्य, सौंदर्य की सृष्टि करता है, नाश नहीं। वह हममें वफादारी, सच्चाई, सहानुभूति, न्यायप्रियता और समता के भावों की पुष्टि करता है। जहाँ ये भाव हैं, वहीं दृढ़ता है और जीवन है; जहाँ इनका अभाव है, वहीं फूट, विरोध, स्वार्थपरता है — द्वेष, शत्रुता और मृत्यु है। यह बिलगाव और विरोध प्रकृति-विरुद्ध जीवन के लक्षण है, जैसे रोग-प्रकृति-विरुद्ध आहार-विहार का चिन्ह है। जहाँ प्रकृति से अनुकूलता और साम्य है, वहाँ संकीर्णता और स्वार्थ का अस्तित्व कैसे संभव होगा ? जब हमारी आत्मा प्रकृति के मुक्त मंडल में पालित-पोषित होती है, तो नीचता-दुष्टता के कीड़े अपने आप हवा और रोशनी से भर जाते हैं। प्रकृति से अलग होकर अपने को सीमित कर लेने से ही यह सारी मानसिक और भावगत बीमारियाँ पैदा होती हैं। साहित्य हमारे जीवन को स्वाभाविक और स्वाधीन बनाता हैं; दूसरे शब्दों में, उसी की बदौलत मन का संस्कार होता है। यही उसका मुख्य उद्देश्य है।

'प्रगतिशील लेखक संघ', यह नाम ही मेरे विचार से गलत है। साहित्यकार या कलाकार स्वभावतः प्रगतिशील होता है। अगर यह उसका स्वभाव न होता, तो शायद वह साहित्यकार ही न होता। उसे अपने अन्दर भी एक कमी महसूस होती है और बाहर भी। इसी कमी को पूरा करने के लिए उसकी आत्मा बेचैन रहती है। अपनी कल्पना में वह व्यक्ति और समाज को सुख और स्वच्छंदता की जिस

अवस्था में देखना चाहता है, वह उसे दिखाई नहीं देती। इसलिए वर्तमान मानसिक और सामाजिक अवस्थाओं से उसका दिल कुढ़ता रहता है। वह इन अप्रिय अवस्थाओं का अन्त कर देना चाहता है, जिससे दुनिया जीने और मरने के लिए इससे अधिक अच्छा स्थान हो जाये। यही वेदना और यह भाव उसके हृदय और मस्तिष्क को सक्रिय बनाए रखता है। उसका दर्द से भरा हृदय इसे सहन नहीं कर सकता कि एक समुदाय क्यों सामाजिक नियमों और रूढ़ियों के बन्धन में पड़कर कष्ट भोगता रहे। क्यों न ऐसे सामान इकट्ठा किए जाएँ कि वह गुलामी और गरीबी से छुटकारा पा जाये? वह इस वेदना को जितनी बेचैनी के साथ अनुभव करता है, उतना ही उसकी रचना में जोर और सच्चाई पैदा होती है। अपनी अनुभूतियों को वह जिस क्रमानुपात में व्यक्त करता है, वही उसकी कला-कुशलता का रहस्य है। पर यह शायद विशेषता पर जोर देने की जरूरत इसलिए पड़ी कि प्रगति या उन्नति से प्रत्येक लेखक या ग्रंथाकार एक ही अर्थ नहीं ग्रहण करता। जिन अवस्थाओं को एक समुदाय उन्नति समझ सकता है, दूसरा समुदाय असंदिग्ध अवनति मान सकता है, इसलिए साहित्यकार अपनी कला को किसी उद्देश्य के अधीन नहीं करना चाहता। उसके विचारों में कला मनोभावों के व्यक्तिकरण का नाम है, चाहे उन भावों से व्यक्ति या समाज पर कैसा ही असर क्यों न पड़े।

उन्नति से हमारा तात्पर्य उस स्थिति से है, जिससे हममें दृढ़ता और कर्म-शक्ति उत्पन्न हो, जिससे हमें अपनी दुःखावस्था की अनुभूति हो, हम देखे कि किन अंतर्बाह्य कारणों से हम इस निर्जीवता और ह्रास की अवस्था को पहुँच गए, और उन्हें दूर करने की कोशिश करें।

हमारे लिए कविता के वे भाव निरर्थक हैं, जिसमें संसार की नश्वरता का आधिपत्य हमारे हृदय पर और दृढ़ हो जाये, जिन से हमारे मासिक पत्रों के पृष्ठ भरे रहते हैं, हमारे लिए अर्थहीन हैं अगर वे हम में हरकत और गर्मी नहीं पैदा करतीं। अगर हमने दो नवयुवकों की प्रेम-कहानी कह डाली, पर उससे हमारे सौंदर्य-प्रेम पर कोई असर न पड़ा और न पड़ा भी तो केवल इतना कि हम उनकी विरह-व्यथा पर रोए, तो इससे हममें कौन-सी मानसिक या रुचि-सम्बन्धी गति पैदा हुई? इन बातों से किसी जमाने में हमें भावावेश हो जाता रहा हो; पर आज के लिए वे बेकार हैं। इस भावोत्तेजक कला का अब जमाना नहीं रहा। अब तो हमें उस कला की आवश्यकता है, जिसमें कर्म का संदेश हो। अब तो हज़रते इक़बाल के साथ हम भी कहते हैं —

रमूजे हयात जोई जुज़दर तपिश नयाबी
रदकुलजुम आरमीदन नंगस्त आबे जूरा।

ब आशियाँ न नशीनम ज़े लज्जते परवाज,
गहे बशाखे गुलम गहे बरलबे जूयम,

[अर्थात् अगर तुझे जीवन के रहस्य की खोज है तो वह तुझे संघर्ष के सिवा और कहीं नहीं मिलने का — सागर में जाकर विश्राम करना नदी के लिए लज्जा की बात है। आनन्द पाने के लिए मैं घोंसले में कभी बैठता नहीं — कभी फूलों की टहनियों पर, तो कभी नदी-तट पर होता हूँ।]

अतः हमारे पंथ में अहंवाद अथवा अपने व्यक्तिगत दृष्टिकोण्ध को प्रधानता देना वह वस्तु है जो हमें जड़ता, पतन और लापरवाही की ओर ले जाती है और ऐसी कला हमारे लिए न व्यक्ति-रूप में उपयोगी है और न समुदाय-रूप में।

मुझे यह कहने में हिचक नहीं कि मैं चीजों की तरह कलजा को भी उपयोगिता की तुला पर तौलता है। निस्संदेह कला का उद्देश्य सौंदर्यवृत्ति की पुष्टि करना है और वह हमारे आध्यात्मिक आनंद की कुंजी है; पर ऐसा कोई रुचिगत मानसिक तथा आध्यात्मिक आनंद नहीं, जो अपनी उपयोगिता का पहलू न रखता हो। आनंद स्वतः एक उपयोगिता-युक्त वस्तु है और उपयोगिता की दृष्टि से एक वस्तु से हमें सुख भी होता है और दुःख भी।

आसमान पर छायी लालिमा निस्संदेह बड़ा सुंदर दृश्य है; परंतु आषाढ़ में अगर आकाश पर वैसी ललिमा छा जाए, तो वह हमें प्रसन्नता देनेवाली नहीं हो सकती। उस समय तो हम आसमान पर काली-काली घटाएँ देखकर ही आनंदित होते हैं। फूलों को देखकर हमें इसलिए आनंद होता है कि उनसे फलों की आशा होती है; प्रकृति से अपने जीवन का सुर मिलाकर रहने में हमें इसीलिए आध्यात्मिक सुख मिलता है कि उससे हमारा जीवन विकसित और पुष्ट होता है। प्रकृति का विधान वृद्धि और विकास है और जिन भावों, अनुभूतियों और विचारों से हमें आनंद मिलता है, वे इसी वृद्धि और विकास के सहायक हैं। कलाकार अपनी कला से सौंदर्य को सृष्टि करके परिस्थिति को विकास के लिए उपयोगी बनाता है।

परंतु सौंदर्य भी और पदार्थों की तरह स्वरूपस्थ और निरपेक्ष नहीं, उसकी स्थिति भी सापेक्ष है। एक रईस के लिए जो वस्तु सुख का साधन है, वही दूसरे के लिए दुख का कारण हो सकती है। एक रईस अपने सुरभित सुरम्य उद्यान में बैठकर जब चिड़ियों का कलगान सुनता है, तो उसे स्वर्गीय सुख की प्राप्ति होती है; परन्तु एक दूसरा सज्ञान मनुष्य वैभव की इस सामग्री को घृणित वस्तु समझता है।

बंधुत्व और समता, सभ्यता तथा प्रेम सामाजिक जीवन के आरम्भ से ही, आदर्शवादियों का

सुनहला स्वप्न रहे हैं। धर्म प्रवर्त्तकों ने धार्मिक, नैतिक और आध्यात्मिक बंधनों से इस स्वप्न का सच्चाई बनाने का सतत, किंतु निष्फल यत्न किया है। महात्मा बुद्ध, हजरत ईसा, हजरत मुहम्मद आदि सभी पैगम्बरों और धर्म-प्रवर्त्तकों ने नीति की नींव पर इस समता की इमारत खड़ी करनी चाही, पर किसी को सफलता न मिली और छोटे-बड़े का भेद जिस निष्ठुर रूप में प्रकट हो रहा है, शायद कभी न हुआ था।

'आजमाये को आज़माना मूर्खता है', इस कहावत के अनुसार यदि हम अब भी धर्म और नीति का दामन पकड़कर समानता के ऊँचे लक्ष्य पर पहुँचना चाहें, तो विफलता ही मिलेगी। क्या हम इस सपने को उत्तेजित मस्तिष्क की सृष्टि समझकर भूल जाएँ ? तब तो मनुष्य की उन्नति और पूर्णता के लिए आदर्श ही बाकी न रह जायेगा। इससे कहीं अच्छा है कि मनुष्य का अस्तित्व ही मिट जाये। जिस आदर्श को हमने सभ्यता के आरम्भ से पाला है, जिसके लिए मनुष्य ने, ईश्वर जाने कितनी कुर्बानियाँ की हैं, जिसकी परिणति के लिए धर्मों का अविर्भाव हुआ, मानव-समाज का इतिहास, जिस आदर्श की प्राप्ति का इतिहास है, उसे सर्वमान्य समझकर, एक अमिट सच्चाई समझकर, हमें उन्नति के मैदान में कदम रखना है। हमें एक ऐसे नए संगठन को सर्वांगपूर्ण बनाना है, जहाँ समानता केवल नैतिक बंधनों पर आश्रित न रहकर अधिक ठोस रूप प्राप्त कर ले, हमारे साहित्य को उसी आदर्श को अपने सामने रखना है।

हमें सुंदरता की कसौटी बदलनी होगी। अभी तक यह कसौटी अमीरी और विलासिता के ढंग की थी। हमारा कलाकार अमीरों का पल्ला पकड़े रहना चाहता था, उन्हीं की क़द्रदानी पर उसका अस्तित्व अवलंबित था और उन्हीं के सुख-दुख, आशा-निराशा, प्रतियोगिता और प्रतिद्वन्द्विता की व्याख्या कला का उद्देश्य था। उसकी निगाह अन्तःपुर और बँगलों की ओर उठती थी। झोपड़ें और खँडहर उसके ध्यान के अधिकारी न थे। उन्हें वह मनुष्यता की परिधि के बाहर समझता था। कभी इनकी चर्चा करता भी था तो इनका मज़ाक उड़ाने के लिए। ग्रामवासी की देहाती वेशभूषा और तौर-तरीके पर हँसने के लिए, उसा शीन-क़ाफ दुरुस्त न होना या मुहाविरों का गलत उपयोग उसके व्यंग्यविद्रूप की स्थायी सामग्री थी। वह भी मनुष्य है, उसके भी हृदय है और उसमें आकांक्षाएँ हैं, — यह कला की कल्पना के बाहर की बात थी।

कला नाम था और अब भी है संकुचित रूप-पूजा का, शब्द-योजना का, भाव-निबंध का। उसके लिए कोई आदर्श नहीं है, जीवन का कोई ऊँचा उद्देश्य नहीं है, — भक्ति, वैराग्य, अध्यात्म और दुनिया से किनाराकशी उसकी सबसे ऊँची कल्पनाएँ हैं। हमारे उस कलाकार के विचार से जीवन का चरम लक्ष्य यही है। उसकी दृष्टि अभी इतनी व्यापक नहीं कि जीवन-संग्राम में सौंदर्य का परमोत्कर्ष

देखे। उपवास और नग्नता में भी सौंदर्य का अस्तित्व संभव है, इसे कदाचित वह स्वीकार नहीं करता। उसके लिए सौंदर्य सुंदर स्त्री में है, — उस बच्चों वाली गरीब रूप-रहित स्त्री में नहीं, जो बच्चे को खेत की मेंड़ पर सुलाए पसीना बहा रही है ! उसने निश्चय कर लिया है कि रँगे होंठों, कपोलों और भौंहों में निस्संदेह सुंदरता का वास है, — उसके उलझे हुए बालों, पपड़ियाँ पड़े हुए होंठों और कुम्हलाए हुए गालों में सौंदर्य का प्रवेश कहाँ ?

पर यह संकीर्ण दृष्टि का दोष है। अगर उसकी सौंदर्य देखने वाली दृष्टि में विस्तृति आ जाये तो वह देखेगा कि रँगे होंठों और कपोलों की आड़ में अगर रूप गर्व और निष्ठुरता छिपी है, तो इन मुरझाए हुए होंठों और कुम्हलाए गालों के आँसुओं में त्याग, श्रद्धा और कष्ट-सहिष्णुता है। हाँ, उसमें नफासत नहीं, दिखावा नहीं, सुकुमारता नहीं।

हमारी कला यौवन के प्रेम में पागल है और यह नहीं जानती कि जवानी छाती पर हाथ रखकर कविता पढ़ने, नायिका की निष्ठुरता का रोना रोने या उसके रूप-गर्व और चोंचलों पर सिर धुनने में नहीं है। जवानी नाम है आदर्शवाद का, हिम्मत का, कठिनाई से मिलने की इच्छा का, आत्मत्याग का। उसे तो इक़बाल के साथ कहना होगा —

आज दस्ते जुनून मन जिब्रील ज़बू सैदे,
यजदाँ बकमंद आवर ऐ हिम्मते मरदाना।

[अर्थात मेरे उन्मत्त हाथों के जिब्रील एक घटिया शिकार है! ऐ हिम्मते मरदाना, क्यों न अपनी कमंद में तू खुदा को ही फाँस लाए ?]

अथवा

चूं मौज साज़े बजूदम ज़े सैल बेपरवास्त,
गुमाँ मबर कि दरी बहर साहिले जोयम।

[अर्थात् तरंग की भाँति मेरे जीवन की तरी भी प्रवाह की ओर से बेपरवाह है, यह न सोचो कि इस समुद्र में मैं किनारा ढूँढ़ रहा हूँ।]

और यह अवस्था उस समय पैदा होगी, जब हमारा सौंदर्य व्यापक हो जायेगा, जब सारी सृष्टि उसकी परिधि में आ जायेगी। वह किसी विशेष श्रेणी तक ही सीमित न होगा, उसकी उड़ान के लिए

केवल बाग की चहारदीवारी न होगी; किंतु यह वायुमंडल होगा, जो सारे भूमंडल को घेरे हुए है। तब कुरुचि हमारे लिए सह्य न होगी, तब हम उसकी जड़ खोदने के लिए कमर कसकर तैयार हो जायेंगे। हम जब ऐसी व्यवस्था को सहन कर सकेंगे कि हजारों आदमी कुछ अत्याचारियों की गुलामी करें, तभी हम केवल कागज के पृष्ठों पर सृष्टि करके ही संतुष्ट न हो जायेंगे; किंतु उस विधान की सृष्टि करेंगे, जो सौंदर्य, सुरुचि, आत्म-सम्मान और मनुष्यता का विरोध न हो।

साहित्यकार का लक्ष्य केवल महफिल सजाना और मनोरंजन का सामान जुटाना नहीं है, — उसका दरजा इतना न गिराइए। वह देश-भक्ति और राजनीति के पीछे चलनेवाली सच्चाई भी नहीं, बल्कि उनके आगे मशाल दिखाती हुई चलने वाली सच्चाई है।

हमें अक्सर यह शिकायत होती है कि साहित्यकारों के लिए समाज में कोई स्थान नहीं, — अर्थात् भारत के साहित्यकारों के लिए। सभ्य देशों में जो साहित्यकार समाज का सम्मानित सदस्य है और बड़े-बड़े अमीर और मंत्रिमंडल के सदस्य उससे मिलने में अपना गौरव समझते हैं। परन्तु हिन्दुस्तान तो अभी मध्ययुग की अवस्था में पड़ा हुआ है। यदि साहित्यकार ने अमीरों के याचक बनने को जीवन का सहारा बना लिया हो, और उन आन्दोलनों, हलचलों और क्रांतियों से बेखबर हो, जो समाज में हो रही हैं, अपनी ही दुनिया बनाकर उसमें रोता और हँसता हो, तो इस दुनिया में उसके लिए जगह न होने में कोई अन्याय नहीं है। जब साहित्यकार बनने के लिए अनुकूल रुचि के सिवा और कोई क़ैद नहीं रही, — जैसे महात्मा बनने के लिए किसी प्रकार की शिक्षा की आवश्यकता नहीं, आध्यात्मिक उच्चता हो काफी है, — तो जैसे महात्मा लोग दर-दर फिरने लगे, उसी तरह साहित्यकार भी लाखों निकल आए।

इसमें शक नहीं है कि साहित्यकार पैदा होता है, बनाया नहीं जाता; पर यदि हम शिक्षा और जिज्ञासा से प्रकृति की इस देन को बढ़ा सकें तो निश्चय ही हम साहित्य की अधिक सेवा कर सकेंगे। अरस्तू ने और दूसरे विद्वानों ने भी साहित्यकार बनने वालों के लिए कड़ी शर्तें लगायी हैं; और उनकी मानसिक नैतिक, आध्यात्मिक और भागवत सभ्यता तथा शिक्षा के लिए सिद्धान्त और विधियाँ निश्चित कर दी गई है। मगर आज तो हिंदी में साहित्यकार के लिए प्रवृत्ति मात्र अलम् समझी जाती है, और किसी प्रकार की तैयारी की उसके लिए आवश्यकता नहीं। वह राजनीति, समाज-शास्त्र या मनोविज्ञान से सर्वथा अपरिचित हो, फिर भी वह साहित्यकार है।

साहित्यकार के सामने आजकल जो आदर्श रखा गया है, उसके अनुसार ये सभी विद्याएँ उसके विशेष अंग बन गई हैं और साहित्य की प्रवृत्ति अहंवाद या व्यक्तिवाद तक परिमित नहीं रही, बल्कि वह मनोवैज्ञानिक और सामाजिक होती जाती है। अब वह व्यक्ति को समाज से अलग नहीं देखता,

किंतु उसे समाज के एक अंग-रूप में देखता है ! इसलिए नहीं कि वह समाज पर हुकूमत करे उसे अपनी स्वार्थ-साधना का औज़ार बनाए — मानों उसमें और समाज में सनातन शत्रुता है — बल्कि इसलिए कि समाज के अस्तित्व के साथ उसका अस्तित्व क़ायम है और समाज से अलग होकर उसका मूल्य शून्य के बराबर हो जाता है।

हममें से जिन्हें सर्वोत्तम शिक्षा और सर्वोत्तम मानसिक शक्तियाँ मिली हैं, उनपर समाज के प्रति उतनी ही जिम्मेदारी भी है। हम उस मानसिक पूंजीपति को पूजा के योग्य न समझेंगे, जो समाज के पैसे से ऊँची शिक्षा प्राप्त कर उसे शुद्ध स्वार्थ-साधन में लगाता है। समाज से निजी लाभ उठाना ऐसा काम है, जिसे कोई साहित्यकार कभी पसंद न करेगा। उस मानसिक पूंजीपति का कर्त्तव्य है कि वह समाज के लाभ को अपने निज के लाभ से अधिक ध्यान देने योग्य समझे — अपनी विद्या और योग्यता से समाज को अधिक लाभ पहुँचाने की कोशिश करे। वह साहित्य के किसी भी विभाग में प्रवेश क्यों न करे — उसे उस विभाग से विशेषतः और सब विभागों से सामान्यतः परिचय हो।

अगर हम अन्तर्राष्ट्रीय साहित्यकार-सम्मेलनों की रिपोर्ट पढ़े तो हम देखेंगे कि ऐसा कोई शास्त्रीय, सामाजिक, ऐतिहासिक और मनोवैज्ञानिक प्रश्न नहीं है, जिस पर उनमें विचार-विनिमय न होता हो। इसके विरुद्ध, अपनी ज्ञान-सीमा को देखते हैं, तो अपने अज्ञान पर लज्जा आती है। हमने समझ रखा है कि साहित्य-रचना के लिए आशुबुद्धि और तेज़ कलम काफी हैं। पर यही विचार हमारी साहित्यिक अवनति का कारण है। हमें अपने साहित्य का मान-दंड ऊँचा करना होगा, जिसमें वह समाज की अधिक मूल्यवान् सेवा कर सके; जिसमें समाज में उसे वह पद मिले, जिसका वह अधिकारी है; जिसमें वह जीवन के प्रत्येक विभाग की आलोचना-विवेचना कर सके, और हम दूसरी भाषाओं तथा साहित्यों का जूठा खाकर ही संतोष न करें, किन्तु खुद भी उस पूँजी को बढ़ाएँ।

हमें अपनी रुचि और प्रवृत्ति के अनुकूल विषय चुन लेने चाहिए और विषय पर पूर्ण अधिकार प्राप्त करना चाहिए। हम जिस आर्थिक अवस्था में जिन्दगी बिता रहे हैं, उसमें यह काम कठिन अवश्य है; पर हमारा आदर्श ऊँचा रहना चाहिए। हम पहाड़ की चोटी तक न पहुँच सकेंगे, तो कमर तक तो पहुँच ही जायेंगे, जो जमीन पर पड़े रहने से कहीं अच्छा है। अगर हमारा अंतर प्रेम की ज्योति से प्रकाशित हो और सेवा का आदर्श हमारे सामने हो, तो ऐसी कोई कठिनाई नहीं, जिस पर हम विजय न प्राप्त कर सकें।

जिन्हें धन-वैभव प्यारा है, साहित्य-मंदिर में उनके लिए स्थान नहीं है। यहाँ तो उन उपासकों की आवश्यकता है, जिन्होंने सेवा को ही अपने जीवन की सार्थकता मान लिया हो, जिनके दिल में दर्द की तड़प हो और मुहब्बत का जोश हो। अपनी इज्ज़त तो अपने हाथ है। अगर हम सच्चे दिल से

समाज की सेवा करेंगे तो मान-प्रतिष्ठा और प्रसिद्धि सभी हमारे पाँव चूमेंगी। फिर मान-प्रतिष्ठा की चिंता हमें क्यों सताए ? और उसके न मिलने से हम निराश क्यों हों ? सेवा में जो आध्यात्मिक आनंद है वही हमारा पुरस्कार है — हमें समाज पर अपना बड़प्पन जताने, उस पर रोब जमाने की हवस क्यों हो ? दूसरों से ज्यादा आराम के साथ रहने की इच्छा भी हमें क्यों सताए ? हम अमीरों की श्रेणी में अपनी गिनती क्यों कराएँ ? हम तो समाज के झंडा लेकर चलनेवाले सिपाही हैं और सादी जिन्दगी के साथ ऊँची निगाह हमारे जीवन का लक्ष्य है। जो आदमी सच्चा कलाकार है, वह स्वार्थमय जीवन का प्रेमी नहीं हो सकता। उसे अपनी मनःतुष्टि के लिए दिखावे की आवश्यकता नहीं — उससे तो उसे घृणा होती है। वह तो इक़बाल के साथ कहता है —

मर्दम आज़ादम आगू ना रायूरम कि मरा,
मीतवाँ कुश्तव येक जामे जुलाले दीग़राँ।

[अर्थात् मैं आजाद हूँ और इतना हयादार हूँ कि मुझे दूसरों के निथरे हुए पानी के एक प्याले से मारा जा सकता है।]

हमारी परिषद् ने कुछ इसी प्रकार के सिद्धांतों के साथ कर्मक्षेत्र में प्रवेश किया है। साहित्य का शराब-कबाब और राग-रंग का मुखापेक्षी बना रहना उसे पसंद नहीं। वह उसे उद्योग ओर कर्म का संदेश-वाहक बनाने का दावेदार है। उसे भाषा से बहस नहीं। आदर्श व्यापक होने से भाषा अपने आप सरल हो जाती है। भाव-सौंदर्य और बनाव-शृंगार बेपरवाही दिखा सकता है। जो साहित्यकार अमीरों का मुंह जोहनेवाला है, वह रईसी रचना-शैली स्वीकार करता है; जो जन-साधारण का है, वह जन-साधारण की भाषा में लिखता है। हमारा उद्देश्य देश में ऐसा वायुमंडल उत्पन्न कर देना है, जिसमें अभीष्ट प्रकार का साहित्य उत्पन्न हो सके और पनप सके। हम चाहते हैं कि साहित्य-केन्द्रों में हमारी परिषदें स्थापित हों और वहाँ साहित्य की रचनात्मक प्रवृत्तियों पर नियमपूर्वक चर्चा हो, नियम पढ़े जाये, बहस हो, आलोचना-प्रत्यालोचना हो, तभी वह वायुमंडल तैयार होगा। तभी साहित्य में नए युग का अविर्भाव होगा।

हम हरएक सूबे में हरएक ज़बान में ऐसी परिषदें स्थापित कराना चाहते हैं जिसमें हरएक भाषा में अपना संदेश पहुंचा सकें। यह समझना भूल होगी कि यह हमारी कोई नई कल्पना है। नहीं देश के साहित्य-सेवियों के हृदयों में सामुदायिक भावनाएँ विद्यमान हैं। भारत की हरएक भाषा में इस विचार के बीज़ अँखुए भी निकलने लगे हैं। उसको सींचना, उसके लक्ष्य को पुष्ट करना हमारा उद्देश्य है।

हम साहित्यकारों में कर्मशक्ति का अभाव है। यह एक कड़वी सच्चाई है; पर हम उसकी ओर से आँखें नहीं बन्द कर सकते। अभी तक हमने साहित्य का जो आदर्श अपने सामने रखा था, उसके लिए कर्म की आवश्यकता न थी। कर्माभाव ही उसका गुण था, क्योंकि अक्सर कर्म अपने साथ पक्षपात और संकीर्णता को भी लाता है। अगर कोई आदमी धार्मिक होकर अपनी धार्मिकता पर गर्व करे, तो इससे कहीं अच्छा है कि वह धार्मिक न होकर 'खाओ-पियो मौज करो' का क़ायल हो। ऐसा स्वच्छंदाचारी तो ईश्वर की दया का अधिकारी हो भी सकता है; पर धार्मिकता का अभिमान रखनेवाले के लिए सम्भावना नहीं।

जो हो, जब तक साहित्य का काम केवल मन-बहलाव का समान जुटाना, केवल लोरियाँ गा-गाकर सुलाना, केवल आँसू बहाकर जी हलका करना था, तब इसके लिए कर्म की आवश्यकता न थी। वह एक दीवाना था, जिसका ग़म दूसरे खाते थे; मगर हम साहित्य को केवल मनोरंजन और विलासिता की वस्तु नहीं समझते। हमारी कसौटी पर वही साहित्य खरा उतरेगा, जिसमें उच्च चिंतन हो, स्वाधीनता का भाव हो, सौंदर्य का सार हो, सृजन की आत्मा हो, जीवन की सच्चाइयों का प्रकाश हो — जो हममें गति और बेचैनी पैदा करे, सुलाए नहीं; क्योंकि अब और ज्यादा सोना मृत्यु का लक्षण है।[1]

---

[1]'प्रगतिशील लेखक संघ' के लखनऊ अधिवेशन में सभापति के आसन से दिया हुआ भाषण।

कहानी कला
[1]

गल्प, आख्यायिका या छोटी कहानी लिखने की प्रथा प्राचीनकाल से चली आती है। धर्म-ग्रन्थों में जो दृष्टान्त भरे पड़े हैं, वे छोटी कहानियाँ ही है; पर कितनी उच्च कोटि की। महाभारत उपनिषद् बुद्ध-जातक, बाइबिल, सभी सद्ग्रन्थों में जन शिक्षा का यही साधन उपयुक्त समझा गया है। ज्ञान और तत्व की बातें इतनी सरल रीति से और क्योंकर समझाई जातीं ? किंतु प्राचीन ऋषि इन दृष्टान्तों द्वारा केवल आध्यात्मिक और नैतिक तत्वों का निरूपण करते थे उनका अभिप्राय केवल मनोरंजन न होता था। सद्ग्रंथों के रूपकों और बाइबिल के parables को देखकर तो यही कहना पड़ता है कि अगले जो कुछ कर गए, वह हमारी शक्ति से बाहर है। कितनी विशुद्ध कल्पना, कितना मौलिक निरूपण, कितनी ओजस्विनी रचना-शैली है कि उसे देखकर वर्तमान साहित्यिक की बुद्धि चकरा जाती है। आजकल आख़्यायिका का अर्थ बहुत व्यापक हो गया है। उसमें प्रेम की कहानियाँ, जासूसी किस्से, भ्रमण-वृत्तान्त, अद्भुत घटना, विज्ञान की बातें, यहाँ तक कि मित्रों की गप-शप भी शामिल कर दी जाती है। एक अंग्रेजी समालोचक के मतानुसार तो कोई रचना, जो पंद्रह मिनटों में पढ़ी जा सके, गल्प कही जा सकती है। और तो और, उसका यथार्थ का उपदेश इतना अनिश्चित हो गया है कि उसमें किसी प्रकार का उपदेश होना दूषण समझा जाने लगा है। वह कहानी सबसे नाक़िस समझी जाती है, जिसमें उपदेश की छाया भी पड़ जाये।

आख्यायिकाओं द्वारा नैतिक उपदेश देने की प्रथा धर्म-ग्रंथों ही में नहीं, साहित्य-ग्रंथों में भी प्रचलित थी। कथा-सरित्सागर इसका उदाहरण है। इसके पश्चात् बहुत-सी आख्यायिकाओं को एक शृंखला में बाँधनें की प्रथा चली। बैताल-पच्चीसी इसी श्रेणी की पुस्तकें हैं। उनमें कितनी नैतिक और धार्मिक समस्याएँ हल की गई हैं, यह उन लोगों से छिपा नहीं, जिन्होंने उनका अध्ययन किया। अरबी में सहस्त्र-रजनी-चरित्र इसी भाँति का अद्भुत संग्रह है; किन्तु उसमें किसी प्रकार का उपदेश देने की

चेष्टा नहीं की गई। उसमें सभी रसों का समावेश है, पर अद्भुत रस ही की प्रधानता है, और अद्भुत रस में उपदेश की गुंजाइश नहीं रहती। कदाचित् उसी आदर्श को लेकर इस देश में शुक बहत्तरी के ढंग की कथाएँ रची गई, जिनमें स्त्रियों की बेवफाई का राग अलापा गया है। यूनान में हकीम ईसप ने एक नया ही ढंग निकाला। उन्होंने पशु-पक्षियों की कहानियों द्वारा उपदेश देने का अविष्कार किया।

मध्यकाल काव्य और नाटक-रचना का काल था; आख्यायिकाओं की ओर बहुत कम ध्यान दिया गया। उस समय कहीं तो भक्ति-काव्य की प्रधानता रही, कहीं राजाओं के कीर्तिगान की। हाँ, शेखसादी ने फ़ारसी में गुलिस्ताँ-बोस्ताँ की रचना करके आख्यायिकाओं की मर्यादा रखी। यह उपदेश-कुसुम इतना मनोहर और सुंदर है कि चिरकाल तक प्रेमियों के हृदय इसकी सुगंध से रंजित होते रहेंगे। उन्नीसवीं शताब्दी में फिर आख्यायिकाओं की ओर साहित्यकारों की प्रवृत्ति हुई और तभी से सभ्य साहित्य में इनका विशेष महत्त्व है। यूरोप की सभी भाषाओं में गल्पों का यथेष्ट प्रचार है; पर मेरे विचार में फ्रांस और रूस के साहित्य में जितनी उच्च-कोटि की गल्पें पाई जाती हैं, उतनी अन्य यूरोपीय भाषाओं में नहीं। अंग्रेजी में डिकेंस, वेल्स, हार्डी, किप्लिग, शार्लट यंग, ब्रांटी आदि ने कहानियाँ लिखी हैं, लेकिन इनकी रचनाएँ गाई-डी. मोपासाँ, बालज़क या पियेर-लोटी के टक्कर की नहीं। फ्रांसीसी कहानियों में सरसता की मात्रा बहुत अधिक रहती है। इसके अतिरिक्त मोपासाँ और बालज़क में आख्यायिका के आदर्श को हाथ से नहीं जाने दिया है। उनमें आध्यात्मिक या सामाजिक गुत्थियाँ अवश्य सुलझायी गई हैं। रूस में सबसे उत्तम कहानियाँ काउंट टालस्टाय की हैं। इनमें कई तो ऐसी है, जो प्राचीन काल के दृष्टांतों की कोटि की हैं। चेकाफ़ ने बहुत कहानियाँ लिखी हैं, और यूरोप में उनका प्रचार भी बहुत है; किन्तु उनमें रूप के विलास-प्रिय समाज के जीवनचित्रों के सिवा और कोई विशेषता नहीं। डास्टावेस्की ने भी उपन्यासों के अतिरिक्त कहानियाँ लिखी है; पर उनमें मनोभावों की दुर्बलता दिखाने की चेष्टा की गई है। भारत में बंकिमचंद्र और रवीन्द्रनाथ ने कहानियाँ लिखी हैं, और उनमें से कितनी ही बहुत उच्च कोटि की है।

प्रश्न यह हो सकता है कि आख्यायिका और उपन्यास में आकार के अतिरिक्त और भी कोई अन्तर है ? हाँ, है और बहुत बड़ा अंतर है। उपन्यास घटनाओं, पात्रों और चरित्रों का समूह है; आख्यायिका केवल एक घटना है — अन्य बातें सब उसी घटना के अंतर्गत होती हैं। इस विचार से उसकी तुलना ड्रामा से की जा सकती है। उपन्यास में आप चाहे जितने स्थान लाएँ, चाहे जितने दृश्य दिखाएँ, चाहे जितने चरित्र खींचे; पर यह कोई आवश्यक बात नहीं कि वे सब घटनाएँ और चरित्र एक ही केन्द्र पर आकर मिल जायें। उनमें कितने ही चरित्र तो केवल मनोभाव दिखाने के लिए ही रहते हैं; पर आख्यायिका में इस बाहुल्य की गुंजाइश नहीं; बल्कि कई सुविज्ञ जनों की सम्मति तो यह

है कि उसमें केवल एक ही घटना या चरित्र का उल्लेख होना चाहिए। उपन्यास में आपकी क़लम में जितनी शक्ति हो, उतना जोर दिखाइए, राजनीति पर तर्क कीजिए, किसी महफ़िल के वर्णन में दस-बीस पृष्ठ लिख डालिए; (भाषा सरस होनी चाहिए) ये कोई दूषण नहीं ! आख्यायिका में आप महफ़िल के सामने से चले जायेंगे, और बहुत उत्सुक होने पर भी आप उसकी ओर निगाह नहीं उठा सकते। वहां तो एक शब्द, एक वाक्य भी ऐसा न होना चाहिए, जो गल्प के उद्देश्य को स्पष्ट न करता हो। इसके सिवा, कहानी की भाषा बहुत ही सरल और सुबोध होनी चाहिए। उपन्यास वे लोग पढ़ते हैं, जिनके पास रुपया है; और समय भी उन्हीं के पास रहता है, जिनके पास धन होता है। आख्यायिका साधारण जनता के लिए लिखी जाती है, जिस के पास न धन है, न समय। यहां तो सरलता में सरसता पैदा कीजिए, यही कमाल है। कहानी वह ध्रुपद की तान है, जिसमें गायक महफ़िल शुरू होते ही अपनी सम्पूर्ण प्रतिभा दिखा देता है, एक क्षण में चित्त को इतने माधुर्य से परिपूरित कर देता है, जितना रात भर गाना सुनने से भी नहीं हो सकता।

हम जब किसी अपरिचित प्राणी से मिलते हैं, तो स्वभावतः यह जानना चाहते हैं कि यह कौन है, पहले उससे परिचय करना आवश्यक समझते हैं। पर आजकल कथा भिन्न-भिन्न रूप से आरंभ की जाती है। कहीं दो मित्रों की बातचीत से कथा आरम्भ हो जाती है, कहीं पुलिसकोर्ट के एक दृश्य से। परिचय पीछे आता है। यह अंग्रेजी आख्यायिकाओं की नक़ल है। इससे कहानी अनायास ही जटिल और दुर्बोध हो जाती है। यूरोपवालों की देखादेखी पत्रों द्वारा, डायरी या टिप्पणियों द्वारा भी कहानियाँ लिखी जाती हैं। मैंने स्वयं इन सभी प्रथाओं पर रचना की है, पर वास्तव में इससे कहानी की सरलता में बाधा पड़ती है।

यूरोप के विज्ञ समालोचक कहानियों के लिए किसी अन्त की भी जरूरत नहीं समझते। इसका कारण यही है कि वे लोग कहानियाँ केवल मनोरंजन के लिए पढ़ते हैं। आपको एक लेडी लंदन के किसी होटल में मिल जाती है। उसके साथ उसकी वृद्धा माता भी है। माता कन्या से किसी विशेष पुरुष से विवाह करने के लिए आग्रह करती है। लड़की ने अपना दूसरा वर ठीक कर रखा है। माँ बिगड़कर कहती है : मैं तुझे अपना धन न दूंगी। कन्या कहती हैं, मुझे इसकी परवा नहीं। अंत में माता अपनी लड़की से रूठकर चली जाती है। लड़की निराशा की दशा में बैठी है कि उसका अपना पसंद किया युवक आता है। दोनों में बातचीत होती है। युवक का प्रेम सच्चा है। वह बिना धन के ही विवाह करने पर राजी हो जाता है। विवाह होता है। कुछ दिनों तक स्त्री-पुरुष सुखपूर्वक रहते हैं। इसके बाद पुरुष धनाभाव से किसी दूसरी धनवान स्त्री की टोह लेने लगता है। उसकी स्त्री को इसी खबर हो जाती है, और वह एक दिन घर से निकल जाती है। बस कहानी समाप्त कर दी जाती है, क्योंकि realists

अर्थात् यथार्थवादियों का कथन हैं कि संसार में नेकी-बदी का फल कहीं मिलता नजर नहीं आता, बल्कि बहुधा बुराई का परिणाम अच्छा और भलाई का बुरा होता है। आदर्शवादी कहता है यथार्थ का यथार्थ रूप दिखाने से फायदा ही क्या, वह तो हम अपनी आंखों से देखते ही हैं। कुछ देर के लिए तो हमें इन कुत्सित व्यवहारों से अलग रहना चाहिए, नहीं तो साहित्य का मुख्य उद्देश्य गायब हो जाता है। वह साहित्य को समाज का दर्पण मात्र नहीं मानता, बल्कि दीपक मानता है जिसका काम प्रकाश फैलाना है।

भारत का प्राचीन साहित्य आदर्शवाद ही का समर्थक है। हमें भी आदर्श ही की मर्यादा का पालन करना चाहिए। हाँ, यथार्थ का उसमें ऐसा सम्मिश्रण होना चाहिए कि सत्य से दूर न जाना पड़े।

कहानी कला
[2]

एक आलोचक ने लिखा है कि इतिहास में सब कुछ यथार्थ होते हुए भी वह असत्य है, और कथा-साहित्य में सब कुछ काल्पनिक होते हुए भी वह सत्य है।

इस कथन का आशय इसके सिवा और क्या हो सकता है कि इतिहास आदि से अंत तक हत्या, संग्राम और धोखे का ही प्रदर्शन है, जो असुंदर है, इसलिए असत्य है। लोभ की क्रूर से क्रूर, अहंकार की नीच से नीच, ईर्ष्या की अधम से अधम घटनाएँ आपको वहाँ मिलेगी, और आप सोचने लगेंगे, मनुष्य इतना अमानुषी है! थोड़े-से स्वार्थ के लिए भाई-भाई की हत्या कर डालता है, बेटा बाप की हत्या कर डालता है और राजा असंख्य प्रजा की हत्या कर डालता है! उसे पढ़कर मन में ग्लानि होती है, आनंद नहीं, और जो वस्तु आनंद नहीं प्रदान कर सकती वह सुंदर नहीं हो सकती, और जो सुंदर नहीं हो सकती वह सत्य भी नहीं हो सकती, जहाँ आनन्द है वही सत्य है। साहित्य काल्पनिक वस्तु है पर उसका प्रधान गुण है आनंद प्रदान करना, और इसीलिए वह सत्य है।

मनुष्य तो जगत में जो कुछ सत्य और सुंदर पाया है और पा रहा है, उसी को साहित्य कहते हैं, और कहानी भी साहित्य का एक भाग है।

मनुष्य जाति के लिए मनुष्य ही सबसे विकट पहेली है। वह खुद अपनी समझ में नहीं आता। किसी न किसी रूप में वह अपनी आलोचना किया करता है — अपने ही मनोरहस्य खोला करता है। मानव-संस्कृति का विकास ही इसलिए हुआ है कि मनुष्य अपने को समझे। अध्यात्म और दर्शन की भाँति साहित्य भी इसी सत्य की खोज में लगा हुआ है — अंतर इतना ही है कि वह इस उद्योग में रस का मिश्रण करके उसे आनंदप्रद बना देता है। इसलिए अध्यात्म और दर्शन केवल ज्ञानियों के लिए हैं, साहित्य मनुष्य मात्र के लिए।

जैसा हम ऊपर कह चुके हैं, कहानी या आख्यायिका साहित्य का एक प्रधान अंग है, आज से

नहीं, आदिकाल से ही। हाँ, आजकल की आख्यायिका और प्राचीन काल की आख्यायिका में, सम की गति और रुचि के परिवर्तन से, बहुत कुछ अंतर हो गया है। प्राचीन आख्यायिका कुतूहल-प्रध होती थी या अध्यात्म-विषयक। उपनिषद् और महाभारत में आध्यात्मिक रहस्यों को समझाने लिए आख्यायिकाओं का आश्रय लिया गया है। बौद्ध-जातक भी आख्यायिकाओं का आश्रय लि गया है। बौद्ध-जातक भी आख्यायिका के सिवा और क्या है ? बाइबिल में भी दृष्टांतों औ आख्यायिकाओं के द्वारा ही धर्म के तत्व समझाए गए हैं। सत्य इस रूप में आकर साकार हो जात है और तभी जनता उसे समझती है उसका व्यवहार करती है।

वर्तमान आख्यायिका मनोवैज्ञानिक विश्लेषण और जीवन के यथार्थ और स्वाभाविक चित्रण क अपना ध्येय समझती है। उसमें कल्पना की मात्रा कम, अनुभूतियों की मात्रा अधिक होती है; इतन ही नहीं, बल्कि अनुभूतियाँ ही रचनाशील भावना से अनुभावित होकर कहानी बन जाती हैं।

मगर यह समझना भूल होगी कि कहानी जीवन का यथार्थ चित्र है। यथार्थ जीवन का चित्र त मनुष्य स्वयं हो सकता है। मगर कहानी के पात्रों के सुख-दुःख से हम जितना प्रभावित होते हैं, उतन यथार्थ जीवन से नहीं होते — जब तक वह निजत्व की परिधि में न आ जाये कहानियों में पात्रों स हमें एक ही दो मिनट के परिचय में निजत्व हो जाता है और हम उनके साथ हँसने और रोने लगत हैं। उनका हर्ष और विषाद हमारा अपना हर्ष और विषाद हो जाता है। इतना ही नहीं, बल्कि कहान पढ़कर वे लोग भी रोते या हँसते देखे जाते है, जिन पर साधारणतः सुख-दुःख का कोई असर नह पड़ता। जिनकी आँखें श्मशान में या कब्रिस्तान में भी सजल नहीं होतीं, वे लोग भी उपन्यास क मर्मस्पर्शी स्थलों में पहुँचकर रोने लगते हैं।

शायद इसका यह कारण भी हो कि स्थूल प्राणी सूक्ष्म मन के उतने समीप नहीं पहुँच सकते, जितने कि कथा के सूक्ष्म चरित्र के। कथा के चरित्रों और मन के बीच में जड़ता का वह पर्दा नहीं होता, जो एक मनुष्य के हृदय से दूर रखता है। और अगर हम यथार्थ को हू-ब-हू खींचकर रख दें, तो उसमें कला कहाँ है ? कला केवल यथार्थ की नक़ल का नाम नहीं हैं।

कला दीखती तो यथार्थ है, पर यथार्थ होती नहीं। उसकी खूबी यही है कि वह यथार्थ न होते हुए भी यथार्थ मालूम हो। उसका माप-दंड भी जीवन के माप-दंड से अलग हैं।.जीवन में बहुधा हमारा अंत उस समय हो जाता है, जब यह वांछनीय नहीं होता। जीवन किसी का दायी नहीं है; उसके सुख-दुख, हानि-लाभ, जीवन-मरण में कोई क्रम, कोई सम्बन्ध नहीं ज्ञात होता, — कम से कम मनुष्य के लिए वह अज्ञेय है। लेकिन कथा-साहित्य मनुष्य का रचा हुआ जगत् है और परिमित होने के कारण सम्पूर्णत; हमारे सामने आ जाता हैं, और जहाँ वह हमारी मानवी न्याय-बुद्धि या अनुभूति

का अतिक्रमण करता हुआ पाया जाता है, हम उसे दंड देने के लिए तैयार हो जाते हैं। कथा में अगर किसी को सुख प्राप्त होता है तो इसका कारण बताना होगा, दुःख भी मिलता है तो उसका कारण बताना होगा। यहाँ कोई चरित्र मर नहीं सकता, जब तक कि मानव-न्याय बुद्धि उसकी मौत न मांगे। स्त्रष्टा को जनता की अदालत में अपनी हर एक कृति के लिए जवाब देना पड़ेगा। कला का रहस्य भ्रांति है, पर वह भ्रांति जिस पर यथार्थ का आवरण पड़ा हो।

हमें यह स्वीकार कर लेने में संकोच न होना चाहिए कि उपन्यासों की ही तरह आख्यायिकाओं की कला भी हमने पश्चिम से ली है — कम से कम इसका आज का विकसित रूप तो पश्चिम का है ही। अनेक कारणों से जीवन का अन्य धाराओं की तरह ही साहित्य में भी हमारी प्रगति रूक गयी और हमने प्राचीन से जी भर इधर-उधर हटना भी निसिद्ध समझ लिया। साहित्य के लिए प्राचीनों ने जो मर्यादाएँ बाँध दी थीं, उनका उल्लंघन करना वर्जित था, अतएव काव्य, नाटक, कथा, किसी में भी हम आगे कदम न बढ़ा सके। कोई वस्तु बहुत सुंदर होने पर भी अरूचिकर हो जाती है, जब तक उसमें कुछ नवीनता न लायी जाए। एक ही तरह के नाटक, एक ही तरह के काव्य पढ़ते-पढ़ते आदमी ऊब जाता है और वह कोई नई चीज़ चाहता है — चाहे वह उतनी सुंदर और उत्कृष्ट न हो। हमारे यहाँ या तो यह इच्छा उठी ही नहीं, या हमने उसे इतना कुचला कि वह जड़ीभूत हो गई। पश्चिम प्रगति करता रहा — उसे नवीनता की भूख थी, मर्यादाओं की बेड़ियों से चिढ़। जीवन के हर विभाग में उसकी इस अस्थिरता की, असंतोष की बेड़ियों से मुक्त हो जाने की छाप लगी हुई है। साहित्य में भी उसने क्रांति मचा दी।

शेक्सपियर के नाटक अनुपम हैं, पर आज उन नाटकों का जनता के जीवन से कोई सम्बन्ध नहीं। आज के नाटक का उद्देश्य कुछ और है, आदर्श कुछ और है, विषय कुछ और है, शैली कुछ और है। कथा-साहित्य में भी विकास हुआ और उसके विषय में चाहें उतना बड़ा परिवर्तन न हुआ हो, पर शैली तो बिल्कुल ही बदल गई। अलिफलैला उस वक़्त का आदर्श था — उसमें बहुरूपता थी, वैचित्र्य था, कुतूहल था, रोमांस था; पर उसमें जीवन की समस्याएँ न थीं, मनोविज्ञान के रहस्य न थे, अनुभूतियों की इतनी प्रचुरता न थी, जीवन अपने सत्य रूप में इतना स्पष्ट न था। उसका रूपांतर हुआ और उपन्यास का उदय हुआ, जो कथा और नाटक के बीच की वस्तु है। पुराने दृष्टांत भी रूपांतरित होकर कहानी बन गए।

मगर सौ बरस पहले यूरोप भी इस कला से अनभिज्ञ था। बड़े-बड़े उच्चकोटि के दार्शनिक, ऐतिहासिक तथा सामाजिक उपन्यास लिखे जाते थे। लेकिन छोटी-छोटी कहानियों की ओर किसी का ध्यान न जाता था। हाँ, परियों और भूतों की कहानियाँ लिखी जाती थीं। किंतु इसी एक शताब्दी के

अंदर, या उससे भी कम में समझिए, छोटी कहानियों ने साहित्य के और सभी अंगो पर विजय प्राप्त कर ली है, और यह कहना ग़लत न होगा कि जैसे किसी जमाने में काव्य की साहित्यिक अभिव्यक्ति का व्यापक रूप था, वैसे ही आज कहानी है। और उसे यह गौरव प्राप्त हुआ है यूरोप के कितने ही महान् कलाकारों की प्रतिभा से, जिनमें बालज़क, मोपासाँ, चेखव, टालस्टाय, मैक्सिम गोर्की आदि मुख्य है। हिंदी में पच्चीस-तीस साल पहले तक कहानी का जन्म न हुआ था। परंतु आज तो कोई ऐसी पत्रिका नहीं, जिसमें दो-चार कहानियाँ न हों — यहाँ तक कि कई पत्रिकाओं में केवल कहानियाँ ही दी जाती हैं।

कहानियों के प्राबल्य का मुख्य कारण आजकल का जीवन-संग्राम और समयाभाव है। अब वह ज़माना नहीं रहा कि हम 'बोस्ताने ख़याल' लेकर बैठ जायें और सारे दिन उसी के कुंजों में विचरते रहें। अब तो हम जीवन-संग्राम में इतने तन्मय हो गये है कि हमें मनोरंजन के लिए समय ही नहीं मिलता। अगर कुछ मनोरंजन स्वास्थ्य के लिए अनिवार्य न होता, और हम विक्षिप्त हुए बिना नित्य अठारह घंटे काम कर सकते तो शायद हम मनोरंजन का नाम भी न लेते। लेकिन प्रकृति ने हमें विवश कर दिया है; हम चाहते हैं कि थोड़े से थोड़े समय में अधिक मनोरंजन हो जाये, इसीलिए सिनेमा-गृहों की संख्या दिन-दिन बढ़ती जाती है। जिस उपन्यास के पढ़ने में महीनों लगते, उसका आनंद हम दो घंटों में उठा लेते हैं। कहानी के लिए पंद्रह-बीस मिनट ही काफी हैं। अतएव हम कहानी ऐसी चाहते हैं कि वह थोड़े से थोड़े शब्दों में कही जाये, उसमें एक वाक्य, एक शब्द भी अनावश्यक न आने पाए। उसका पहला ही वाक्य मन को आकर्षित कर ले और अंत तक उसे मुग्ध किए रहे, और उनमें कुछ चटपटापन हो, कुछ ताज़गी हो, और इसके साथ ही कुछ तत्त्व भी हो। तत्त्वहीन कहानी से मनोरंजन भले हो जाए, मानसिक तृप्ति नहीं होती। यह सच है कि हम कहानियों के उपदेश नहीं चाहते, लेकिन विचारों को उत्तेजित करने के लिए, मन के सुंदर भावों को जागृत् करने के लिए, कुछ न कुछ अवश्य चाहते हैं। वहीं कहानी सफल होती है, जिसमें हम दोनों में से — मनोरंजन और मानसिक तृप्ति में से, एक अवश्य उपलब्ध हो।

सबसे उत्तम कहानी वह होती है, जिसका आधार किसी मनोवैज्ञानिक सत्य पर हो। साधु पिता का अपने कुव्यसनी पुत्र की दशा से दुःखी होना मनोवैज्ञानिक सत्य है। इस आवेग में पिता के मनोवेगों को चित्रित करना और तदनुकुल उसके व्यवहारों को प्रदर्शित करना, कहानी को आकर्षक बना सकता है। बुरा आदमी भी बिल्कुल बुरा नहीं होता, उसमें कहीं देवता अवश्य छिपा होता है — यह मनोवैज्ञानिक सत्य है। उस देवता को खोलकर दिखा देना सफल आख्यायिका-लेखक का काम है। विपत्ति पर विपत्ति पड़ने से मनुष्य कितना दिलेर हो जाता है — यहाँ तक कि वह बड़े-से-बड़े संकट

का सामना करने के लिए ताल ठोंक तैयार हो जाता है, उसकी दुर्वासना भाग जाती है, उसके हृदय के किसी गुप्त स्थान में छिपे हुए जौहर निकल आते हैं और हमें चकित कर देते हैं — यह मनोवैज्ञानिक सत्य है। एक ही घटना या दुर्घटना भिन्न-भिन्न प्रकृति के मनुष्यों को भिन्न-भिन्न रूप से प्रभावित करती है। हम कहानी में इसको सफलता के साथ दिखा सकें, तो कहानी अवश्य आकर्षक होगी।

किसी समस्या का समावेश कहानी को आकर्षक बनाने का सबसे उत्तम साधन है। जीवन में ऐसी समस्याएँ नित्य ही उपस्थित होती रहती हैं और उनसे पैदा होने वाला द्वंद आख्यायिका को चमका देता है। सत्यवादी पिता को मालूम होता है कि उसके पुत्र ने हत्या की है। वह उसे न्याय की वेदी पर बलिदान कर दे, या अपने जीवन-सिद्धांतों की हत्या कर डाले ? कितना भीषण द्वंद है ! पश्चात्ताप ऐसे द्वंदों का अखंड स्रोत है। एक भाई ने अपने दूसरे भाई की सम्पत्ति छल-कपट से अपहरण कर ली है, उसे भिक्षा माँगते देखकर क्या छली भाई को ज़रा भी पश्चात्ताप न होगा ? अगर ऐसा न हो, तो वह मनुष्य नहीं है।

उपन्यासों की भाँति कहानियाँ भी कुछ घटना-प्रधान होती हैं, कुछ चरित्र-प्रधान। चरित्र-प्रधान कहानी का पद ऊँचा समझा जाता है, मगर कहानी में बहुत विस्तृत विश्लेषण की गुंजाइश नहीं होती। यहाँ हमारा उद्देश्य सम्पूर्ण मनुष्य को चित्रित करना नहीं, वरन् उसके चरित्र का एक अंग दिखाना है। यह परमावश्यक है कि हमारी कहानी से जो परिणाम या तत्त्व निकले, सर्वमान्य हो और उसमें कुछ बारीकी हो। यह एक साधारण नियम है कि हमें उसी बात में आनंद आता है जिससे हमारा कुछ सम्बन्ध हो। जुआ खेलने वालों को जो उन्माद और उल्लास होता है, वह दर्शक को कदापि नहीं हो सकता। जब हमारे चरित्र इतने सजीव और आकर्षक होते हैं कि पाठक अपने को उनके स्थान पर समझ लेता है, तभी उस कहानी में आनंद प्राप्त होता है। अगर लेखक ने अपने पात्रों के प्रति पाठक में यह सहानुभूति नहीं उत्पन्न कर दी, तो वह अपने उद्देश्य में असफल है।

पाठकों से यह कहने की जरूरत नहीं है कि इन थोड़े ही दिनों में हिन्दी कहानी-कला ने कितनी प्रौढ़ता प्राप्त कर ली है। पहले हमारे सामने केवल बंगला कहानियों का नमूना था। अब हम संसार के सभी प्रमुख कहानी-लेखकों की रचनाएँ पढ़ते हैं, उन पर विचार और बहस करते हैं, उनके गुण-दोष निकालते हैं, और उनसे प्रभावित हुए बिना नहीं रह सकते। अब हिंदी-कहानी लेखकों में विषय और दृष्टिकोण और शैली का अलग-अलग विकास होने लगा है — कहानी जीवनी के बहुत निकट आ गई उसकी ज़मीन अब उतनी लम्बी चौड़ी नहीं है। उसमें कई रसों, कई चरित्रों और कई घटनाओं के लिए स्थान नहीं रहा। वह अब केवल एक प्रसंग का, आत्मा की एक झलक का, सजीव

हृदयस्पर्शी चित्रण है। इस एकतथ्यता ने उसमें प्रभाव, आकस्मिकता और तीव्रता भर दी है। अब उसमें व्याख्या का अंश कम, संवेदना का अंश अधिक रहता है। उसकी शैली भी अब प्रवाहमयी हो गई है लेखक को जो कुछ कहना है, वह कम से कम शब्दों में कह डालना चाहता हैं। वह अपने चरित्रों के मनोभावों की व्याख्या करने नहीं बैठता, केवल उसकी तरफ़ इशारा कर देता है। कभी-कभी तो संभाषणों में एक-दो शब्दों से ही काम निकाल लेता है। ऐसे कितने ही अवसर होते हैं, जब पात्र के मुंह से एक शब्द सुनकर हम उसके मनोभावों का पूरा अनुमान कर लेते हैं — पूरे वाक्य की जरूरत ही नहीं रहती। अब हम कहानी का मूल्य उसके घटना विन्यास से नहीं लगाते — हम चाहते हैं, पात्रों की मनोगति स्वयं घटनाओं की सृष्टि करे। घटनाओं का स्वतन्त्र कोई महत्त्व ही नहीं रहा। उनका महत्त्व केवल पात्रों के मनोभावों को व्यक्त करने की दृष्टि से ही है — उसी तरह, जैसे शालग्राम स्वतन्त्र रूप से केवल पत्थर का एक गोल टुकड़ा है, लेकिन उपासक की श्रद्धा से प्रतिष्ठित होकर देवता बन जाता है।

खुलासा यह कि कहानी का आधार अब घटना नहीं, अनुभूति है। आज लेखक केवल कोई रोचक दृश्य देखकर कहानी लिखने नहीं बैठ जाता है। उसका उद्देश्य स्थूल सौंदर्य नहीं है। वह तो कोई ऐसी प्रेरणा चाहता है, जिसमें सौंदर्य की झलक हो, और जिसके द्वारा वह पाठक की सुन्दर भावनाओं को स्पर्श कर सके।

कहानी कला

[3]

कहानी सदैव से जीवन का एक विशेष अंग रही है। हर एक मनुष्य को अपने बचपन की वे कहानियाँ याद होंगी, जो उसने अपनी माता या बहन से सुनी थीं। कहानियाँ सुनने को वह कितना लालायित रहता था, कहानी शुरू होते ही वह किस तरह सब भूलकर सुनने में तन्मय हो जाता था, कुत्ते और बिल्लियों की कहानियाँ सुनकर वह कितना प्रसन्न होता था ! इसे शायद वह कभी नहीं भूल सकता। बाल जीवन की मधुर स्मृतियों में कहानी शायद सबसे मधुर है। वह खिलौने और मिठाइयाँ और तमाशे सब भूल गए; पर वह कहानियाँ अभी तक याद हैं और उन्हीं कहानियों को आज उसके मुंह से उसके बालक उसी हर्ष और उत्सुकता से सुनते होंगे। मनुष्य-जीवन की सबसे बड़ी लालसा यही है कि वह कहानी बन जाये और उसकी कीर्ति हर एक जबान पर हो।

कहानियों का जन्म तो उसी समय से हुआ, जब आदमी ने बोलना सीखा; लेकिन प्राचीन कथा-साहित्य का हमें जो कुछ ज्ञान है, वह 'कथा-सरित-सागर', 'ईसप की कहानियाँ' और 'अलिफ़लैला' आदि पुस्तकों से हुआ है। ये सब उस समय के साहित्य के उज्ज्वल रत्न हैं। उनका मुख्य लक्षण उनका कथा-वैचित्र्य था। मानव-हृदय को वैचित्र्य से सदैव प्रेम रहा है। अनोखी घटनाओं और प्रसंगों को सुनकर हम, अपने बाप-दादा की भाँति ही, आज भी प्रसन्न होते हैं। हमारा ख्याल है कि जन-रुचि जितनी आसानी से अलिफ़लैला की कथाओं का आनंद उठाती है, उतनी आसानी से नवीन उपन्यासों का आनन्द नहीं उठा सकती और अगर काउंट टाल्सटाय के कथानुसार जनप्रियता ही कला का आदर्श मान लिया जाये, तो अलिफ़लैला के सामने स्वयं टाल्सटाय के 'वार एंड पीस' और ह्यू गो के 'ला मिज़रेबुल' की कोई गिनती नहीं। इस सिद्धांत के अनुसार हमारी राग-रागिनियाँ, हमारी सुंदर चित्रकारियाँ और कला के अनेक रूप, जिन पर मानव-जाति को गर्व है, कला के क्षेत्र से बाहर हो जायेंगे। जनरुचि परज और बिहाग की अपेक्षा बिरहे और

दादरे को ज्यादा पसंद करती है। बिरहों और ग्राम-गीतों में बहुधा बड़े ऊँचे दरजे की कवि होती है, फिर भी यह कहना असत्य नहीं है कि विद्वानों और आचार्यों ने कला के विकास के लि जो मर्यादाएँ बना दी हैं उनसे कला का रूप अधिक सुंदर और अधिक संयत हो गया है।

प्रकृति में जो कला है, वह प्रकृति की है, मनुष्य की नहीं। मनुष्य को तो वही कला मोहित कर है, जिस पर मनुष्य के आत्मा की छाप हो, जो गीली मिट्टी की भाँति मानव-हृदय के साँचे में पड़क संस्कृत हो गई हो। प्रकृति का सौंदर्य हमें अपने विस्तार और वैभव से पराभूत कर देता है। उस हमें आध्यात्मिक उल्लास मिलता है, पर वही दृश्य जब मनुष्य की तूलिका और रंगों और मनोभा से रंजित होकर हमारे सामने आता है, तो वह जैसे हमारा अपना हो जाता है। उसमें हमें आत्मीय का संदेश मिलता है।

लेकिन भोजन जहाँ थोड़े-से मसाले से अधिक रुचिकर हो जाता है, वहाँ यह भी आवश्यक है वि मसाले मात्रा से बढ़ने न पाएँ। जिस तरह मसालों के बाहुल्य से भोजन का स्वाद और उपयोगिता क हो जाती है, उसी भाँति साहित्य भी अलंकारों के दुरुपयोग से विकृत हो जाता है। जो कुछ स्वाभावि है, वही सत्य है और स्वाभाविकता से दूर होकर कला अपना आनंद खो देती है और उसे समझ वाले थोड़े से कलाविद् ही रह जाते हैं; उसमें जनता के मर्म को स्पर्श करने की शक्ति नहीं र जाती।

पुरानी कथा-कहानियाँ अपने घटना-वैचित्र्य के कारण मनोरंजक तो हैं, पर उनमें उस रस क कमी है, जो शिक्षित रुचि साहित्य में खोजती है। अब हमारी साहित्यिक रुचि कुछ परिष्कृत हो गई हम हर एक विषय की भाँति साहित्य में भी बौद्धिकता की तलाश करते हैं। अब हम किसी राजा क अलौकिक वीरता था रानी के हवा में उड़कर राजा के पास पहुँचने, या भूत-प्रेतों के काल्पनिक चरित्र को देखकर प्रसन्न नहीं होते। हम उन्हें यथार्थ के कांटे पर तौलते हैं और जौ भर भी इधर-उधर नह देखना चाहते। आजकल के उपन्यासों और आख्यायिकाओं में अस्वाभाविक बातों के लिए गुंजाइश नह है। उनमें हम अपने जीवन का ही प्रतिबिम्ब देखना चाहते हैं। उसके एक वाक्य को, एक-एक पात्र क यथार्थ के रूप में देखना चाहते है। उनमें जो कुछ भी हो, वह इस तरह लिखा जाए कि साधारण बुद्धि उसे यथार्थ समझे। घटना वर्तमान कहानी या उपन्यास का मुख्य अंग नहीं है। उपन्यासों में पात्रों क केवल बाह्य रूप देखकर हम संतुष्ट नहीं होते। हम उनके मनोगत भावों तक पहुंचना चाहते हैं औ जो लेखक मानवी हृदय के रहस्यों को खोलने में सफल होता है, उसी की रचना सफल समझी जात है। हम केवल इतने ही से संतुष्ट नहीं होते कि अमुक व्यक्ति ने अमुक काम किया। हम देखना चाहत हैं कि किन मनोभावों से प्रेरित होकर उसने यह काम किया, अतएव मानसिक द्वन्द्व वर्तमान उपन्यास

या गल्प का खास अंग है।

प्राचीन कलाओं में लेखक बिल्कुल नेपथ्य में छिपा रहता था। हम उसके विषय में उतना ही जानते थे, जितना वह अपने को अपने पात्रों के मुख से व्यक्त करता था। जीवन पर उसके क्या विचार हैं, भिन्न-भिन्न परिस्थितियों में उसके मनोभावों में क्या परिवर्तन होते हैं, इसका हमें कुछ पता न चलता था; लेकिन आजकल उपन्यासों में हमें लेखक के दृष्टिकोण का भी स्थल-स्थल पर परिचय मिलता रहता है। हम उसके मनोगत विचारों और भावों द्वारा उसका रूप देखते रहते हैं, और ये भाव जितने व्यापक और गहरे और अनुभव पूर्ण होते हैं, उतनी ही लेखक के प्रति हमारे मन में श्रद्धा उत्पन्न होती है। यों कहना चाहिए कि वर्तमान आख्यायिका या उपन्यास का आधार ही मनोविज्ञान है। घटनाएँ और पात्र तो उसी मनोवैज्ञानिक सत्य को स्थिर करने के निमित्त ही लाए जाते हैं। उनका स्थल बिल्कुल गौण है। उदाहरणतः मेरी 'सुजान भगत', 'मुक्ति-मार्ग', शतरंज के खिलाड़ी' और 'महातीर्थ' नामक सभी कहानियों में एक न एक मनोवैज्ञानिक रहस्य को खोलने की चेष्टा की गई थी।

यह तो सभी मानते है कि आख्यायिका का प्रधान धर्म मनोरंजन है, पर साहित्यिक मनोरंजन वह है, जिससे हमारी कोमल और पवित्र भावनाओं को प्रोत्साहन मिले — हममें सत्य, निःस्वार्थ सेवा, न्याय आदि देवत्व के जो अंश हैं, वे जागृत हों। वास्तव में मानवीय आत्मा की यह वह चेष्टा है, जो उसके मन में अपने आपको पूर्णरूप में देखने की होती है। अभिव्यक्ति मानव हृदय का स्वाभाविक गुण है। मनुष्य जिस समाज में रहता है, उसमें मिलकर रहता है, जिन मनोभावों से वह अपने मेल के क्षेत्र को बढ़ा सकता है, अर्थात् जीवन के अनंत प्रभाव में सम्मिलित हो सकता है, वही सत्य है। जो वस्तुएँ भावनाओं के इस प्रवाह में बाधक होती हैं, वे सर्वथा अस्वाभाविक हैं। परन्तु यदि स्वार्थ और अहंकार और ईर्ष्या की ये बाधाएँ न होती, तो हमारी आत्मा के विकास को शक्ति कहाँ से मिलती ? शक्ति तो संघर्ष में है। हमारा मन इन बाधाओं को परास्त करके अपने स्वाभाविक कर्म को प्राप्त करने की सदैव चेष्टा करता रहता है। इसी संघर्ष से साहित्य की उत्पत्ति होती है। यही साहित्य की उपयोगिता भी है। साहित्य में कहानी का स्थान इसीलिए ऊँचा है कि वह एक क्षण में ही, बिना किसी घुमाव-फिराव के, किसी न किसी भाव को प्रगट कर देती है, और चाहे थोड़ी ही मात्रा में क्यों न हो, वह हमारे परिचय का, दूसरों में अपने को देखने का, दूसरों के हर्ष या शोक को अपना बना लेने का क्षेत्र बढ़ा देती है।

हिंदी में इस नवीन शैली की कहानियों का प्रचार अभी थोड़े ही दिनों से हुआ है; पर इन थोड़े ही दिनों में इसने साहित्य के अन्य सभी अंगों पर अपना सिक्का जमा लिया है। किसी पत्र को उठा लीजिए, उसमें कहानियों ही की प्रधानता होगी। हाँ, जो पत्र किसी विशेष नीति या उद्देश्य से निकाले

जाते हैं, उसमें कहानियों का स्थान नहीं रहता। जब डाकिया कोई पत्रिका लाता है, तो हम सबसे पहले उसकी कहानियाँ पढ़ना शुरू करते हैं। इनमें हमारी वह क्षुधा तो नहीं मिटती जो इच्छा-पूर्ण भोजन चाहती है; पर फलों और मिठाइयों की जो क्षुधा हमें सदैव बनी रहती है, वह अवश्य कहानियों से से तृप्त हो जाती है। हमारा ख्याल है कि कहानियों ने, अपने सार्वभौम आकर्षण के कारण संसार के प्राणियों को एक-दूसरे के जितना निकट कर दिया है, उनमें जो एकात्म भाव उत्पन्न कर दिया है, उतना और किसी चीज़ ने नहीं किया। हम आस्ट्रेलिया या गेहूँ खाकर, चीन की चाय पीकर, अमेरिका की मोटरों पर बैठकर भी उनको उत्पन्न करने वाले प्राणियों से बिल्कुल अपरिचित रहते हैं। लेकिन मोपासाँ, अनातोले फ्रांस, चेकाफ़ और टालस्टाय की कहानियाँ पढ़कर हमने फ्रांस और रूस से आत्मिक सम्बन्ध स्थापित कर लिया है। हमारे परिचय का क्षेत्र सागरों और द्वीपों और पहाड़ों को लाँघता हुआ फ्रांस आर रूस तक विस्तृत हो गया है। हम वहाँ भी अपनी ही आत्मा का प्रकाश देखने लगते हैं। वहाँ के किसान और मजदूर और विद्यार्थी हमें ऐसे लगते हैं, मानों उनसे हमारा घनिष्ट परिचय हो।

हिंदी में 20-25 साल पहले कहानियों की कोई चर्चा न थी। कभी-कभी बँगला या अंग्रेजी कहानियों के अनुवाद छप जाते थे। परंतु आज कोई ऐसा पत्र नहीं, जिसमें दो-चार कहानियाँ प्रतिमास न छपती हों। कहानियों के अच्छे-अच्छे संग्रह निकलते जा रहे हैं। अभी बहुत दिन नहीं हुए कि कहानियों का पढ़ना समय का दुरुपयोग समझा जाता था। बचपन में हम कभी कोई किस्सा पढ़ते पकड़ लिये जाते थे, तो कड़ी डांट पड़ती थी। यह ख्याल किया जाता था कि किस्सों से चरित्र भ्रष्ट हो जाता है। और उन 'फिसाना अजायब' और 'शुक बहत्तरो' और 'तोता मैना' के दिनों में ऐसा ख्याल होना स्वाभाविक ही था। उस वक्त कहानियाँ कहीं स्कूल-करिकुलम में रख दी जातीं, तो शायद पिताओं का एक डेपुटेशन इसके विरोध में शिक्षा-विभाग के अध्यक्ष की सेवा में पहुँचता।

आज छोटे-बड़े सभी क्लासों में कहानियाँ पढ़ायी जाती है और परीक्षाओं में उन पर प्रश्न किए जाते हैं। यह मान लिया गया है कि सांस्कृति विकास के लिए सरल साहित्य से उत्तम कोई साधन नहीं है। अब लोग यह भी स्वीकार करने लगे हैं कि कहानी कोरी गप नहीं है, और उसे मिथ्या समझना भूल है। आज से दो हजार बरस पहले यूनान के विख्यात फिलासफ़र अफ़लातूं ने कहा था हर एक काल्पनिक रचना में मौलिक सत्य मौजूद रहता है। रामायण, महाभारत आज भी उतने ही सत्य हैं जितने आज से पाँच हजार साल पहले थे, हालाँकि इतिहास, विज्ञान और दर्शन में सदैव परिवर्तन होते रहते हैं। कितने ही सिद्धान्त जो एक ज़माने में सत्य समझे जाते थे, आज असत्य सिद्ध हो गए है; पर कथाएँ आज भी उतनी ही सत्य हैं, क्योंकि उनका सम्बन्ध मनोभावों

से है और मनोभावों में कभी परिवर्तन नहीं होता। किसी ने बहुत ठीक कहा है कि 'कहानी में नाम और सन् के सिवा और सब कुछ सत्य है, और इतिहास में नाम और सन् के सिवा कुछ भी सत्य नहीं।' गल्पकार अपनी रचनाओं को जिस साँचे में ढाल सकता है, किसी दशा में भी वह उस महान् सत्य की अवहेलना नहीं कर सकता, जो जीवन-सत्य कहलाता है।

उपन्यास

उपन्यास की परिभाषा विद्वानों ने कई प्रकार से की है, लेकिन यह क़ायदा है कि जो चीज़ जितनी ही सरल होती है, उसकी परिभाषा उतनी ही मुश्किल होती है। कविता की परिभाषा आज तक नहीं हो सकी। जितने विद्वान् हैं, उतनी ही परिभाषाएँ हैं। किन्ही दो विद्वानों की राय नहीं मिलती। उपन्यास के विषय में भी यही बात कही जा सकती है। इसकी कोई ऐसी परिभाषा नहीं है जिस पर सभी लोग सहमत हों।

मैं उपन्यास को मानव-चरित्र का चित्र मात्र समझता हूँ। मानव-चरित्र पर प्रकाश डालना और उसके रहस्यों को खोलना ही उपन्यास का मूल तत्त्व है।

किन्हीं भी दो आदमियों की सूरतें नहीं मिलतीं, उसी भाँति आदमियों के चरित्र भी नहीं मिलते। जैसे सब आदमियों के हाथ, पाँव, आँखें, कान, नाक, मुँह होते हैं — पर उतनी समानता पर भी जिस तरह उनमें विभिन्नता मौजूद रहती है — उसी भाँति, सब आदमियों के चरित्रों में भी बहुत कुछ समानता होते हुए कुछ विभिन्नताएँ होती हैं। यही चरित्र सम्बन्धी समानता और विभिन्नता — अभिन्नत्व में भिन्नत्व और विभिन्नत्व में अभिन्नतत्व दिखाना उपन्यास का मुख्य कर्त्तव्य है।

संतान-प्रेम मानव चरित्र का एक व्यापक गुण है। ऐसा कौन प्राणी होगा, जिसे अपनी संतान प्यारी न हो ? लेकिन इस सतान प्रेम की मात्राएँ हैं — उसके भेद हैं। कोई तो संतान के लिए मर मिटता है, उसके लिए कुछ छोड़ जाने के लिए आप नाना प्रकार के कष्ट झेलता है, लेकिन धर्मभीरुता के कारण अनुचित रीति से धन संचय नहीं करता, उसे शंका होती है कि कहीं इसका परिणाम हमारी संतान के लिए बुरा न हो। कोई ऐसा होता है कि औचित्य का लेशमात्र भी विचार नहीं करता। जिस तरह भी हो, कुछ धन संचय कर जाना अपना ध्येय समझता है, चाहे इसके लिए उसे दूसरों का गलाही क्यों न काटना पड़े — वह संतान-प्रेम पर अपनी आत्मा को भी बलिदान कर देता है। एक तीसरा

संतान-प्रेम वह है, जहाँ संतान का चरित्र प्रधान कारण होता है — जबकि पिता संतान का कुचरित्र देखकर उससे उदासीन हो जाता है — उसके लिए कुछ छोड़ जाना या कर जाना व्यर्थ समझता है। अगर आप विचार करेंगे तो इसी संतान-प्रेम के अगणित भेद आपको मिलेंगे। इसी भाँति अन्य मानव गुणों की भी मात्राएँ और भेद हैं। हमारा चरित्र अध्ययन जितना ही सूक्ष्म, जितना ही विस्तृत होगा, उतनी ही सफलता से हम चरित्रों का चित्रण कर सकेंगे। संतान-प्रेम की एक दशा यह भी है, जब पुत्र को कुमार्ग पर चलते देखकर पिता उसका घातक शत्रु हो जाता है। वह भी संतान-प्रेम ही है, जब पिता के लिए पुत्र घी का लड्डू होता है, जिसका टेढ़ापन उसके स्वाद में बाधक नहीं होता। वह संतान-प्रेम भी देखने में आता है, जहां शराबी, जुआरी पिता पुत्र-प्रेम के वशीभूत होकर ये सारी बुरी आदतें छोड़ देता है।

अब यहाँ प्रश्न होता है, उपन्यासकार को इन चरित्रों का अध्ययन करके उनको पाठक के सामने रख देना चाहिए, उसमें अपनी तरफ से काट-छाँट, कमी-बेशी कुछ न करनी चाहिए, या किसी उद्देश्य की पूर्ति के लिए चरित्रों में कुछ परिवर्तन भी कर देना चाहिए ? यही से उपन्यासों के दो गिरोह हो गए है; एक आदर्शवादी, दूसरा यथार्थवादी।

यथार्थवादी चरित्रों को पाठक के सामने उनके यथार्थ नग्न रूप में रख देता है। उसे इससे कुछ मतलब नहीं कि सच्चरित्रता का परिणाम बुरा होता है या कुचरित्रता का परिणाम अच्छा —उसके चरित्र अपनी कमजोरियाँ या खूबियाँ दिखाते हुए अपनी जीवन-लीला समाप्त करते हैं। संसार में सदैव नेकी का फल नेक और बदी का फल बद नहीं होता; बल्कि इसके विपरीत हुआ करता है — नेक आदमी धक्के खाते हैं, यातनाएँ सहते हैं, मुसीबतें झेलते हैं, अपमानित होते हैं उनको नेकी का फल उलटा मिलता है, बुरे आदमी चैन करते है, नामवर होते हैं, यशस्वी बनते है — उनको बदी का फल उलटा मिलता है, (प्रकृति का नियम विचित्र है !) यथार्थवादी अनुभव की बेड़ियों में जकड़ा होता है और चूंकि संसार में बुरे चरित्रों की ही प्रधानता है — जहाँ तक कि उज्ज्वल चरित्र में भी कुछ न कुछ दाग-धब्बे रहते हैं, इसलिए यथार्थवाद हमारी दुर्बलताओं, हमारी विषमताओं और हमारी क्रूरताओं का नग्न चित्र होता है। और इस तरह यथार्थवाद हमको निराशावादी बना देता है, मानव-चरित्र पर से हमारा विश्वास उठ जाता है, हमको अपने चारों तरफ बुराई ही बुराई नज़र आने लगती है।

इसमें संदेह नहीं कि समाज की कुप्रथा की ओर उसका ध्यान दिलाने के लिए यथार्थवाद अत्यंत उपयुक्त है, क्योंकि इसके बिना बहुत सम्भव है, हम उस बुराई को दिखाने में अत्युक्ति से काम लें और चित्त को उससे कहीं काला दिखाएँ, जितना वह वास्तव में है। लेकिन जब वह दुर्बलताओं का चित्रण करने में शिष्टता की सीमाओं से आगे बढ़ जाता हूं, तो आपत्तिजनक हो जाता है, फिर

मानव-स्वभाव की एक विशेषता यह भी है कि वह जिस छल और क्षुद्रता और कपट से घिरा हुआ है, उसी की पुनरावृत्ति उसके चित्त को प्रसन्न नहीं कर सकती। वह थोड़ी देर के लिए ऐसे संसार में उड़ कर पहुँच जाना चाहता है, जहाँ उसके चित्त को ऐसे कुत्सित भावों से निजात मिले — वह भूल जाए कि मैं चिंताओं के बंधन में पड़ा हुआ हूँ; जहाँ उसे सज्जन, सहृदय उदार प्राणियों के दर्शन हों; जहाँ छल और कपट, विरोध और वैमनस्य का ऐसा प्राधान्य न हो। उसके दिल में ख्याल होता है कि जब हमें किस्से कहानियों में भी उन्हीं लोगों से साबका है, जिनके साथ आठों पहर व्यवहार करना पड़ता है, तो फिर ऐसी पुस्तक पढ़ें ही क्यों ?

अंधेर गर्म कोठरी में काम करते-करते जब हम थक जाते तो इच्छा होती है कि किसी बाग में निकलकर निर्मल स्वच्छ वायु का आनंद उठाएँ। इसी कमी को आदर्शवाद पूरा करता है वह हमें ऐसे चरित्रों से परिचित कराता है, जिनके हृदय पवित्र होते हैं, जो स्वार्थ और वासना से रहित होते हैं, जो साधु प्रकृति के होते हैं। यद्यपि ऐसे चरित्र व्यवहार-कुशल नहीं होते, उनकी सरलता उन्हें सांसारिक विषयों में धोखा देती है; लेकिन काँइयापन से ऊबे हुए प्राणियों को ऐसे सरल, ऐसे व्यावहारिक ज्ञान-विहीन चरित्रों के दर्शन से एक विशेष आनंद होता है।

यथार्थवाद यदि हमारी आँखें खोल देता है, तो आदर्शवाद हमें उठाकर किसी मनोरम स्थान में पहुँचा देता है। लेकिन जहां आदर्शवाद में यह गुण है, वहाँ इन बातों की भी शंका है कि हम ऐसे चरित्रों को न चित्रित कर बैठे, जो सिद्धांतों की मूर्ति मात्र हों — जिनमें जीवन न हो। किसी देवता की कामना करना मुश्किल नहीं है, लेकिन उस देवता में प्राण-प्रतिष्ठा करना मुश्किल है।

इसलिए वही उपन्यास उच्चकोटि के समझे जाते हैं, जब यथार्थ और आदर्श का समावेश हो। उसे आप 'आदर्शोन्मुख यथार्थवाद' कह सकते हैं। आदर्श को सजीव बनाने ही के लिए यथार्थ का उपयोग होना चाहिए और अच्छे उपन्यास की यही विशेषता है। उपन्यासकार की सबसे बड़ी विभूति ऐसे चरित्रों की सृष्टि है, जो अपने सद्व्यवहार और सद्विचार से पाठक को मोहित कर लें। जिस उपन्यास के चरित्रों में यह गुण नहीं है, वह दो कौड़ी का है।

चरित्र को उत्कृष्ट और आदर्श बनाने के लिए यह जरूरी नहीं कि वह निर्दोष हो — महान् से महान् पुरुषों में भी कुछ-न-कुछ कमजोरियाँ होती हैं — चरित्र को सजीव बनाने के लिए उसकी कमजोरियों का दिग्दर्शन कराने से कोई हानि नहीं होती, बल्कि यही कमजोरियाँ उस चरित्र को मनुष्य बना देती हैं। निर्दोष चरित्र तो देवता हो जायेगा और हम उसे समझ ही न सकेंगे। ऐसे चरित्र का हमारे ऊपर कोई प्रभाव नहीं पड़ सकता। हमारे प्राचीन साहित्य पर आदर्श की छाप लगी हुई है। वह केवल मनोरंजन के लिए न था। उसका मुख्य उद्देश्य मनोरंजन के साथ आत्मपरिष्कार भी था।

साहित्यकार का काम केवल पाठकों का मन बहलाना नहीं है। यह तो भाटों और मदारियों, विदूषकों और मसखरों का काम है। साहित्यकार का पद इससे कही ऊँचा है वह हमारा पथ-प्रदर्शक होता है, वह हमारे मनुष्यत्व को जगाता है, हम में सद्भावों का संचार करता है, हमारी दृष्टि को फैलाता है। कम-से-कम उसका यही उद्देश्य होना चाहिए। इस मनोरथ को सिद्ध करने के लिए जरूरत है कि उसके चरित्र 'पॉज़िटिव्ह' हों, जो प्रलोभनों के आगे सिर न झुकाएँ, बल्कि उनको परास्त करें, जो वासनाओं के पंजे मे न फंसे, बल्कि उनका दमन करें; जो किसी विजयी सेनापति की भाँति शत्रुओं का संहार करके विजयनाद करते हुए निकलें। ऐसे ही चरित्रों का हमारे ऊपर सबसे अधिक प्रभाव पड़ता है।

साहित्य का सबसे ऊंचा आदर्श यह है कि उसकी रचना केवल कला की पूर्ति के लिए की जाये। 'कला के लिए कला' के सिद्धान्त पर किसी को आपत्ति नहीं हो सकती। वही साहित्य चिरायु हो सकता है, जो मनुष्य की मौलिक प्रवृत्तियों पर अवलम्बित हो। ईर्ष्या और प्रेम, क्रोध और लोभ, भक्ति और विराग, दुःख और लज्जा, ये सभी हमारी मौलिक प्रवृत्तियाँ हैं, इन्हीं की छटा दिखाना साहित्य का परम उद्देश्य है और बिना उद्देश्य के कोई रचना हो ही नहीं सकती।

जब साहित्य की रचना किसी सामाजिक, राजनीतिक और धार्मिक मत के प्रचार के लिए की जाती है, तो वह अपने ऊंचे पद से गिर जाता है — इसमें कोई संदेह नहीं। केवल आजकल परिस्थितियाँ इतनी तीव्र गति से बदल रही हैं, इतने नए-नए विचार पैदा हो रहे हैं कि कदाचित् अब कोई लेखक साहित्य के आदर्श को ध्यान में रख ही नहीं सकता। यह बहुत मुश्किल है कि लेखक पर इन परिस्थितियों का असर न पड़े — वह उनसे आन्दोलित न हो। यही कारण है कि आजकल भारतवर्ष के ही नहीं, यूरोप के बड़े-बड़े विद्वान भी रचना द्वारा किसी 'वाद' का प्रचार कर रहे हैं। वे इसकी परवाह नहीं करते कि इससे उनकी रचना जीवित रहेगी या नहीं, अपने मत की पुष्टि करना ही उनका ध्येये है, इसके सिवाय उन्हें कोई इच्छा नहीं। मगर यह क्योंकर मान लिया जाये कि जो उपन्यास किसी विचार के प्रचार के लिए लिखा जाता है, उसका महत्त्व क्षणिक होता है ? विक्टर ह्यूगो का 'ला मिजरेबुल', टालस्टाय के अनेक ग्रन्थ, डिकेन्स की कितनी ही रचनाएँ, विचार-प्रधान होते हुए भी उच्चकोटि की और साहित्यिक हैं, और अब तक उनका आकर्षण कम नहीं हुआ। आज भी शॉ, वेल्स आदि बड़े-बड़े लेखकों के ग्रन्थ प्रचार के उद्देश्य से लिखे जा रहे हैं।

हमारा ख्याल है क्यों न कुशल साहित्यकार कोई विचार प्रधान रचना भी इतनी सुन्दरता से करे, जिनमें मनुष्य को मौलिक प्रवृत्तियो का संघर्ष निभता रहे ? 'कला के लिए कला' का समय वह होता है, जब देश सम्पन्न और सुखी हो। जब हम देखते हैं कि हम भाँति-भाँति के राजनीतिक और

सामाजिक बन्धनों में जकड़े हुए हैं, जिधर निगाह उठती है, दुःख और दरिद्रता के भीषण दृश्य दिखाई देते हैं, विपत्ति का करुण क्रन्दन सुनाई देता है, तो कैसे संभव है किसी विचारशील प्राणों का हृदय न दहल उठे ? हाँ उपन्यासकार को इसका प्रयत्न अवश्य करना चाहिए कि उसके विचार के समावेश से कोई विघ्न न पड़ने पाए; अन्यथा उपन्यास नीरस हो जायेगा।

डिकेंस इंग्लैड का बहुत प्रसिद्ध उपन्यासकार हो चुका है। 'पिकविक पेपर्स' उसकी एक अमर हास्य-रस-प्रधान रचना है। 'पिकविक' का नाम एक शिकरम गाड़ी के मुसाफिरों की जबान से डिकेंस के कान में आया। बस, नाम के अनुरूप ही चरित्र, आकार, वेश — सबकी रचना हो गई। 'साइलस मार्नर भी अंग्रेजी का एक प्रसिद्ध उपन्यास है। जार्ज इलियट ने जो इसकी लेखिका हैं, लिखा है कि अपने बचपन में उन्होंने एक फेरी लगाने वाले जुलाहे को पीठ पर कपड़े के थान लादे हुए कई बार देखा था। वह तस्वीर उनके हृदय-पट पर अंकित हो गई थी और समय पर इस उपन्यास के रूप में प्रकट हुई। 'स्कारलेट लेटर' भी हॅर्थन की बहुत ही सुन्दर, मर्मस्पशिनी रचना है। इस पुस्तक का बीजांकुर उन्हें एक पुरान मुकद्दमें की मिसिल से मिला। भारतवर्ष में अभी उपन्यासकारों के जीवन-चरित्र लिखे नहीं गए, इसलिए भारतीय उपन्यास-साहित्य से कोई उदाहरण देना कठिन है। 'रंगभूमि' का बीजांकुर हमें एक अंधे भिखारी से मिला, जो हमारे गाँव में रहता था। एक जरा-सा इशारा, एक जरा-सा बीज, लेखक के मस्तिष्क में पहुंचकर इतना विशाल वृक्ष बन जाता है कि लोग उस पर आश्चर्य करने लगते हैं। एस. ऐंड्रजहिम' रुडयार्ड किपलिंग की एक उत्कृष्ट काव्य रचना है। किपलिंग साहब ने अपने एक नोट में लिखा है कि एक दिन एक इंजीनियर साहब ने रात को अपनी जीवन-कथा सुनाई थी। वही उसका काव्य का आधार थी। एक और प्रसिद्ध उपन्यासकार का कथन है कि उसे अपने उपन्यासों के चरित्र अपने पड़ोसियों में मिले। वह घंटो अपनी खिड़की के सामने बैठे लोगों को आते जाते सूक्ष्म दृष्टि से देखा करते और उनकी बातों को ध्यान से सुना करते थे। 'जेन आर्यर' भी उपन्यास के प्रेमियों ने अवश्य पढ़ी होगी। दो लेखिकाओं में इस विषय पर बहस हो रही थी कि उपन्यास की नायिका रूपवती होनी चाहिए या नहीं। 'जेन आयर' की लेखिका ने कहा, 'मैं ऐसा उपन्यास लिखूंगी, जिसकी नायिका रूपवती न होते हुए भी आकर्षक होगी।' इसका फल था 'जेन आयर'।

बहुधा लेखकों को पुस्तकों से अपनी रचनाओं के लिए अंकुर मिल जाते हं। हालकेन का नाम पाठकों ने सुना है। आपकी एक उत्तम रचना का हिंदी अनुवाद हाल ही में 'अमरपुरी' के नाम से हुआ है। आप लिखते हैं कि मुझे बाइबिल से प्लाट मिलते हैं। 'मेटरलिंक' बेलजियम के जगत् विख्यात नाटककार हैं। उन्हें बेलजियम का शेक्सपियर कहते हैं। उनका 'मोमाबोन' नामक ड्रामा ब्राउनिंग की एक

कविता से प्रेरित हुआ था और 'मेरी मैगडालीन' एक जर्मन ड्रामा से ! शेक्सपियर के नाटकों का मूल स्थान खोज-खोजकर कितने ही विद्वानों ने 'डॉक्टर' की उपाधि प्राप्त कर ली है। कितने वर्तमान औपन्यासिकों और नाटककारों ने शेक्सपियर से सहायता ली है, इसकी खोज करके ही कितने हो लोग 'डाक्टर' बन सकते हैं। 'तिलिस्म होशरुबा' फारसी का एक बृहत् पोथा है, जिसके रचयिता अकबर के दरबार वाले फ़ैजी कहे जाते हैं, हालांकि हमें यह मानने में संदेह है। इस पोथे का उर्दू में भी अनुवाद हो गया है। कम-से-कम 20,000 पृष्ठों की पुस्तक होगी। स्व. बाबू देवकी नन्दन खत्री ने 'चन्द्रकांता' और 'चन्द्रकांता संतति' की बीजांकुर 'तिलिस्म होशरुबा' से ही लिया होगा, ऐसा अनुमान होता है।

संसार साहित्य में कुछ ऐसी कथाएँ है, जिन पर हजारों वर्षों से लेखकगण आख्यायिकाएँ लिखते आए हैं और शायद हजारों वर्षों तक लिखते जायेंगे। हमारी पौराणिक कथाओं पर न जाने कितने नाटक और कितनी कथाएँ, रची गई हैं। यूरोप में भी यूनान की पौराणिक गाथा कवि-कल्पना के लिए अशेष आधार है। 'दो भाइयों की कथा', जिसका पता पहले मिश्र देश के तीन हज़ार वर्ष पुराने लेखों से मिला था, फ्रांस से भारतवर्ष तक की एक दर्जन से अधिक प्रसिद्ध भाषाओं के साहित्य में समाविष्ट हो गई है। यहाँ तक कि बाइबिल में उस कथा की एक घटना ज्यों की त्यों मिलती है।

किन्तु यह समझना भूल होगी कि लेखकगण आलस्य या कल्पना शक्ति के अभाव के कारण प्राचीन कथाओं का उपयोग करते है। बात यह है कि नए कथानक में वह रस, वह आकर्षण नहीं होता, जो पुराने कथानकों में पाया जाता है। हाँ, उनका कलेवर नवीन होना चाहिए। 'शकुन्तला' पर यदि कोई उपन्सास लिखा जाये, तो वह कितना मर्मस्पर्शी होगा, यह बताने की जरूरत नहीं।

रचना शक्ति थोड़ी-बहुत सभी प्राणियों में रहती है। जो उसमें अभ्यस्त हो चुके हैं, उन्हें तो फिर झिझक नहीं रहती — कलम उठाया और लिखने लगे; लेकिन नए लेखकों को पहले कुछ लिखते समय ऐसी झिझक होती है, मानो वे दरिया में कूदने जा रहे हों। बहुधा एक तुच्छ-सी घटना उनके मस्तिष्क पर प्रेरक का काम कर जाती है। किसी का नाम सुनकर, कोई स्वप्न देखकर, कोई चित्र देखकर उनकी कल्पना जाग उठती है। किस व्यक्ति पर किस प्रेरणा का सबसे अधिक प्रभाव पड़ता है, यह व्यक्ति पर निर्भर है। किसी को कल्पना दृश्य विषयों से उभरती है, किसी की गंध से, किसी की श्रवण से — किसी को नए, सुरम्य स्थान की सैर से, इस विषय में यथेष्ट सहायता मिलती है। नदी के तट पर अकेले भ्रमण करने में बहुधा नई-नई कल्पनाएँ जागृत होती है।

ईश्वर दत्त शक्ति मुख्य वस्तु है। जब तक यह शक्ति न होगी तो उपदेश, शिक्षा, अभ्यास सभी निष्फल जायेगा। मगर यह प्रकरण कैसे हो कि किसमें यह शक्ति है, किसमें नहीं ?कभी इसका सबूत

मिलने में बरसों गुजर जाते हैं और बहुत परिश्रम नष्ट हो जाता है। अमेरिका के एक पत्र-सम्पादक ने उसकी परीक्षा करने का नया ढंग निकाला है। दल के दल युवकों में से कौन रत्न है और कौन पाषाण ? वह एक कागज के टुकड़े पर किसी प्रसिद्ध व्यक्ति का नाम लिख देता है और उम्मीदवार को वह टुकड़ा देकर उस नाम के सम्बन्ध में ताबड़तोड़ प्रश्न करना शुरू करता है — उसके बालों का रंग क्या है ? उसके कपड़े कैसे है ? कहाँ रहता है उसका बाप क्या काम करता है ? जीवन में उसकी मुख्य अभिलाषा क्या है ? आदि। यदि युवक महोदय ने इन प्रश्नों के संतोषजनक उत्तर न दिये, तो उन्हें अयोग्य समझकर विदा कर देते है। जिसकी निरीक्षण-शक्ति इतनी शिथिल हो, वह उसी विचार में उपन्यास लेखक नहीं बन सकता। इस परीक्षा विभाग में नवीनता तो अवश्य है, पर भ्रामकता की मात्रा भी कम नहीं है।

लेखक के लिए नोटबुक का रखना बहुत आवश्यक है। यद्यपि इन पंक्तियों के लेखक ने कभी नोटबुक नहीं रखी; पर इसकी ज़रूरत को वह स्वीकार करता है। कोई नई चीज़ कोई अनोखी सूरत, कोई सुरम्य दृश्य देखकर नोटबुक में दर्ज कर लेने से बड़ा काम निकलता है। यूरोप में लेखकों के पास उस वक्त तक नोटबुक अवश्य रहती है, जब तक उनका मस्तिष्क इस योग्य नहीं बनता है कि हर प्रकार की चीजों को वे अलग-अलग खानों में संगृहीत कर लें। बरसों के अभ्यास के बाद यह योग्यता प्राप्त हो जाती है, इसमें संदेह नहीं; लेकिन आरम्भ-काल में तो नोटबुक का रखना परमावश्यक है। यदि लेखक चाहता है कि उसके दृश्य सजीव हों, उसके वर्णन स्वाभाविक हों, तो उसे अनिवार्यतः इसके काम लेना पड़ेगा। देखिए, एक उपन्यासकार की नोटबुक का नमूना।

'अगस्त 21,12 बजे दिन; एक नौका पर एक आदमी, श्याम वर्ण, सफेद बाल, आंखें तिरछी पलकें भारी, ओठ ऊपर को उठे हुए और मोटे, मूंछे ऐंठी हुई।'

6 सितम्बर 1 बजे, समुद्र का दृश्य, बादल श्याम और श्वेत, पानी में सूर्य का प्रतिबिम्ब काला, हरा, चमकीला, लहरें फेनदार, उनका ऊपरी भाग उजला। लहरों का शोर, लहरों के छींटे से झाग उड़ती हुई।'

उन्हीं महाशय से जब पूछा गया कि आपकों कहानियों के प्लाट कहाँ मिलते है ? तो आपने कहा, 'चारों तरफ।' अगर लेखक अपनी आँखे खुली रखे, तो उसे हवा से भी कहानियाँ मिल सकती हैं। रेलगाड़ी में, नौकाओं पर, समाचार-पत्रों में, मनुष्य के वार्तालाप में और हजारों जगहों में सुन्दर कहानियाँ बनाई जा सकती हैं। कई सालों के अभ्यास के बाद देख-भाल स्वाभाविक हो जाती है, निगाह आप ही आप अपने मतलब की बात छाँट लेती है। दो साल हुए, मैं एक मित्र के साथ सैर करने गया। बातों ही बातों में यह चर्चा छिड़ गई कि यदि दो के सिवा संसार के और सब मनुष्य मार डाले जायें तो

क्या हो ? इस अंकुर से मैंने कई सुन्दर कहानियां सोच निकाली।

इस विषय में जो उपन्यास-कला के सभी विशारद सहमत हैं कि उपन्यासों के लिए पुस्तकों से मशाला न लेकर जीवन ही से लेना चाहिए। वाल्टर बेसेंट अपनी 'उपन्यास-कला' नामक पुस्तक में लिखते है —

'उपन्यासकार को अपनी सामग्री, आले पर रखी हुई पुस्तकों से नहीं उन मनुष्यों के जीवन से लेनी चाहिए, जो उसे नित्य ही चारों तरफ मिलते रहते हैं। मुझे पूरा विश्वास है कि अधिकांश लोग अपनी आँखों से काम नहीं लेते। कुछ लोगों को यह शंका भी होती है कि मनुष्यों में जितने अच्छे नमूने थे, वे तो पूर्वकालीन लेखकों ने लिख डाले, अब हमारे लिए क्या बाक़ी रहा ? यह सत्य है; लेकिन अगर पहले किसी ने बूढ़े कंजूस, उड़ाऊ युवक, जुआरी, शराबी, रंगीन युवती आदि का चित्रण किया है, तो क्या अब उसी वर्ग के दूसरे चरित्र नहीं मिल सकते ? पुस्तकों में नए चरित्र न मिलें; पर जीवन में नवीनता का अभाव कभी नहीं रहा।'

हेनरी जेम्स ने इस विषय में जो विचार प्रकट किए है, वह भी देखिए —

'अगर किसी लेखक क़ी बुद्धि कल्पना-कुशल है, तो वह सूक्ष्मतम भावों से जीवन को व्यक्त कर देती है, वह वायु के स्पंदन को भी जीवन प्रदान कर सकती है। लेकिन कल्पना के लिए कुछ आधार अवश्य चाहिए। जिस तरुणी लेखिका ने कभी सैनिक छावनियाँ नहीं देखीं, उससे यह कहने में कुछ भी अनौचित्य नहीं है कि आप सैनिक जीवन में हाथ न डालें। मैं एक अंग्रेज उपन्यासकार को जानता हूँ, जिसने अपनी एक कहानी में फ्रांस के प्रोटेस्टेट युवकों के जीवन का अच्छा चित्र खींचा था। उस पर साहित्यिक संसार में बड़ी चर्चा रही। उससे लोगों ने पूछा — 'आपको इस समाज के निरीक्षण करने का ऐसा अवसर कहाँ मिला ? (फ्रांस रोमन कैथोलिक देश है और प्रोटेस्टेंट वहाँ साधारणतः नहीं दिखाई पड़ते) मालूम हुआ कि उसने एक बार केवल एक बार, कई प्रोटेस्टेंट युवकों को बैठे और बातें करते देखा था। बस, एक बार देखना उसके लिए पारस हो गया। उसे वह आधार मिल गया, जिस पर कल्पना अपना विशाल भवन निर्माण करती है। उसमें वह ईश्वरदत्त शक्ति मौजूद थी, जो एक इंच से एक योजन की खबर लाती है और जो शिल्पी के लिए बड़े महत्त्व की वस्तु है।'

मिस्टर जी के चेस्टरटन जासूसी कहानियाँ लिखने में बड़े प्रवीण थे। आपने ऐसी कहानियाँ लिखने का जो नियम बताया है, वह बहुत शिक्षाप्रद है। हम उसका आशय लिखते हैं —

'कहानी में जो रहस्य हो, उसे कई भागों में बाँटना चाहिए। पहले छोटी-सी बात, खुले, फिर उससे कुछ बड़ी और अंत में रहस्य खुल जाये। लेकिन हरएक भाग में कुछ न कुछ रहस्योद्घाटन अवश्य होना चाहिए, जिसमें पाठक की इच्छा सब कुछ जानने के लिए बलवती होती चली जाए। इस

प्रकार की कहानियों में इस बात का ध्यान रखना परम आवश्यक है कि कहानी के अन्त में रहस्य खोल के लिए कोई नया चरित्र न लाया जाये। जासूसी कहानियों में यही सबसे बड़ा दोष है। रहस्य के खुल में तभी मजा है, जब कि वही चरित्र अपराधी सिद्ध हो, जिस पर कोई भूलकर भी संदेह न कर सक था।'

उपन्यास-कला में यह बात भी बड़े महत्त्व की है कि लेखक क्या लिखे और क्या छोड़ दे पाठक कल्पनाशील होता है। इस लिए वह ऐसी बातें पढ़ना पसंद नहीं करता है। वह यह नहीं चाहत कि लेखक सब कुछ कह डाले और पाठक की कल्पना के लिए कुछ भी बाक़ी न छोड़े। वह कहान का खाका-मात्र चाहता है, रंग वह अपनी अभिरूचि के अनुसार भर लेता है। कुशल लेखक वह है, जो यह अनुमान कर ले कि कौन-सी बात पाठक स्वयं सोच लेगा और कौन-सी बात उ लिखकर स्पष्ट कर देनी चाहिए। कहानी या उपन्यास में पाठक की कल्पना के लिए जितनी ह अधिक सामग्री हो, उतनी ही वह कहानी रोचक होगी। यदि लेखक आवश्यकता से कम बतलाय है, तो कहानी आशयहीन हो जाती है; ज्यादा बतलाता है, तो कहानी में मजा नहीं आता। किसी चरित्र की रूपरेखा या किसी दृश्य को चित्रित करते समय हुलिया-नवोसी करने की जरूरत नहीं दो-चार वाक्यों में मुख्य-मुख्य बातें कह देनी चाहिए। किसी दृश्य को तुरंत देखकर उसका वर्णन करने से बहुत-सी अनावश्यक बातों के आ जाने की संभावना रहती है। कुछ दिनों के बाद अनावश्यक बातें आप ही आप मस्तिष्क से निकल जाती हैं, केवल मुख्य बातें स्मृति पर अंकित रह जाती हैं। तब उस दृश्य के वर्णन करने में अनावश्यक बातें न रहेंगी। आवश्यक और अनावश्यक कथन का एक उदाहरण देकर हम अपना आशय और स्पष्ट करना चाहते हैं —

दो मित्र संध्या समय मिलते हैं। सुविधा के लिए, हम उन्हें 'राम' और 'श्याम' कहेंगे।

राम — गुड ईवनिंग श्याम, कहो आनंद तो है ?

श्याम — हलो राम, तुम आज किधर भूल पड़े ?

राम — कहो क्या रंग-ढंग है ? तुम तो भले ईद के चाँद हो गए।

श्याम — मैं तो ईद का चाँद न था, हाँ, आप गूलर के फूल भले ही हो गए।

राम — चलते है संगीतालय की तरफ ?

श्याम — हाँ चलो।

लेखक यदि ऐसे बच्चों के लिए कहानी नहीं लिख रहा है, जिन्हें अभिवादन की मोटी-मोटी बातें बताना ही उसका ध्यय है, तो वह केवल इतना ही लिख देगा —

'अभिवादन के पश्चात् दोनों मित्रों ने संगीतालय की राह ली।'

उपन्यास का विषय

उपन्यास का क्षेत्र, अपने विषय के लिहाज से दूसरी ललित-कलाओं से ज्यादा ही विस्तृत है। 'वाल्टर बेसेंट' ने इस विषय पर इन शब्दों में विचार प्रकट किए हैं —

'उपन्यास के विषय का विस्तार मानव-चरित्र से किसी क़दर कम नहीं है। उसका सम्बन्ध अपने चरित्रों के कर्म और विचार, उनके देवत्व और पशुत्व, उनके उत्कर्ष और अपकर्ष से है। मनोभाव के विभिन्न रूप और भिन्न-भिन्न दशाओं में उनका विकास उपन्यास के मुख्य विषय हैं।'

इसी विषय-विस्तार ने उपन्यास को संसार-साहित्य का प्रधान अंग बना दिया है। अगर आपको इतिहास से प्रेम है, तो आप अपने उपन्यास में गहरे से गहरे ऐतिहासिक तत्त्वों का निरूपण कर सकते हैं। अगर आपको दर्शन से रूचि है, तो आप उपन्यास में महान् दार्शनिक तत्त्वों का विवेचन कर सकते हैं। अगर आपमें कवित्व-शक्ति है, तो उपन्यास में उसके लिए भी काफी गुंजाइश है। समाज, नीति, विज्ञान, पुरातत्व आदि सभी विषयों के लिए उपन्यास में स्थान है। यहाँ लेखक को अपनी क़लम का जौहर दिखाने का जितना अवसर मिल सकता है, उतना साहित्य के और किसी अंग में नहीं मिल सकता। लेकिन इसका यह आशय नहीं कि उपन्यासकार के लिए कोई बंधन ही नहीं है। उपन्यास का विषय-विस्तार ही उपन्यासकार को बेड़ियों में जकड़ देता है। तंग सड़कों पर चलने वालों के लिए अपने लक्ष्य पर पहुँचना उतना कठिन नहीं है, जितना एक लम्बे-चौड़े मार्गहीन मैदान में चलनेवालों के लिए।

उपन्यासकार का प्रधान गुण उसकी सृजन-शक्ति है। अगर उसमें इसका अभाव है, तो वह अपने काम में कभी सफल नहीं हो सकता। उसमें और चाहे जितने अभाव हों; पर कल्पना शक्ति की प्रखरता अनिवार्य है। अगर उसमें यह शक्ति मौजूद है, तो वह ऐसे कितने ही दृश्यों, दशाओं और मनोभावों का चित्रण कर सकता है जिनका उसे प्रत्यक्ष अनुभव नहीं है। अगर इस शक्ति की कमी है, तो चाहे

उसने कितना ही देशाटन क्यों न किया हो, वह कितना ही विद्वान क्यों न हो, उसके अनुभव का क्षेत्र कितना ही विस्तृत क्यों न हो, उसकी रचना में सरसता नहीं आ सकती। ऐसे कितने ही लेखक हैं, जिनमें मानव-चरित्र के रहस्यों का बहुत मनोरंजक, सूक्ष्म और प्रभाव डालनेवाली शैली में बयान करने की शक्ति मौजूद है; लेकिन कल्पना की कमी के कारण वे अपने चरित्रों में जीवन का संचार नहीं कर सकते, जीती-जागती तस्वीर नहीं खींच सकते। उनकी रचनाओं को पढ़कर हमें यह ख्याल नहीं होता कि हम कोई सच्ची घटना देख रहे हैं।

इसमें संदेह नहीं कि उपन्यास की रचना शैली सजीव और प्रभावोत्पादक होनी चाहिए; लेकिन इसका अर्थ यह नहीं है कि हम शब्दों का गोरखधंधा रचकर पाठक को इस भ्रम में डाल दें कि इसमें जरूर कोई न कोई गूढ़ आशय है। जिस तरह किसी आदमी का ठाठ-बाट देखकर हम उसकी वास्तविक स्थिति के विषय में ग़लत राय क़ायम कर लिया करते हैं, उसी तरह उपन्यासों के शाब्दिक आडम्बर देखकर भी हम ख़याल करने लगते हैं कि कोई महत्त्व की बात छिपी हुई है। सम्भव है, ऐसे लेखक को थोड़ी देर के लिए यश मिल जाये; किन्तु जनता उन्हीं उपन्यासों को आदर का स्थान देती है जिनकी विशेषता उनकी गूढ़ता नहीं, उनकी सरलता होती है।

उपन्यासकार को इसका अधिकार है कि वह अपनी कथा को घटना-वैचित्र्य से रोचक बनाए; लेकिन शर्त यह है कि प्रत्येक घटना असली ढाँचे से निकट सम्बन्ध रखती हो। इतना ही नहीं, बल्कि उसमें इस तरह घुल-मिल गई हो कि कथा का आवश्यक अंग बन जाये, अन्यथा उपन्यास की दशा उस घर की सी हो जायेगी, जिसके हर एक हिस्से अलग-अलग हों। जब लेखक अपने मुख्य विषय से हटकर किसी दूसरे प्रश्न पर बहस करने लगता है, तो वह पाठक के उस आनंद में बाधक हो जाता है, जो उसे कथा में आ रहा था। उपन्यास में वही घटनाएँ, वही विचार लाना चाहिए, जिनसे कथा का माधुर्य बढ़ जाये, जो प्लाट के विकास में सहायक हों अथवा चरित्रों के गुप्त मनोभावों का प्रदर्शन करते हों। पुरानी कथाओं में लेखक का उद्देश्य घटना वैचित्र्य दिखाना होता था, इसलिए वह एक कथा में कई उपकथाएँ मिलाकर अपना उद्देश्य पूरा करता था। समकालीन उपन्यासों में लेखक का उद्देश्य मनोभावों और चरित्र के रहस्यों का खोलना होता है, अतएव यह आवश्यक है कि वह अपने चरित्रों को सूक्ष्म दृष्टि से देखे, उसके चरित्रों का कोई भाग उसकी निगाह से न बचने पाए। ऐसे उपन्यास में उपकथाओं की गुंजाइश नहीं होती।

यह सच है कि संसार की प्रत्येक वस्तु उपन्यास उपयुक्त विषय बन सकती है। प्रकृति का प्रत्येक रहस्य, मानव-जीवन का हर एक पहलू, जब किसी सुयोग्य लेखक की कलम से निकलता है, तो वह साहित्य का रत्न बन जाता है। लेकिन इसके साथ ही विषय का महत्त्व और उसकी गहराई भी उपन्यास

के सफल होने में बहुत सहायक होती है। यह जरूरी नहीं कि हमारे चरित्रनायक ऊँची श्रेणी के ही मनुष्य हों। हर्ष और शोक, प्रेम और अनुराग, ईर्ष्या और द्वेष मनुष्य-मात्र में व्यापक हैं। हमें केवल हृदय के उन तारों पर चोट लगानी चाहिए, जिनकी झंकार से पाठकों के हृदय पर भी वैसा ही प्रभाव हो। सफल उपन्यासकार का सबसे बड़ा लक्षण है कि वह अपने पाठकों के हृदय में उन्हीं भावों को जागृत कर दे, जो उसके पात्रों में हों। पाठक भूल जाये कि वह कोई उपन्यास पढ़ रहा है — उसके और पात्रों के बीच में आत्मीयता का भाव उत्पन्न हो जाये।

मनुष्य की सहानुभूति साधारण स्थिति में तब तक जागृत नहीं होती, जब तक कि उसके लिए उस पर विशेष रूप से आघात न किया जाये। हमारे हृदय के अंतरतम भाव साधारण दशाओं में आन्दोलित नहीं· होते। इसके लिए ऐसी घटनाओं की कल्पना करता होती है जो हमारा दिल हिला दें, जो हमारे भावों की गहराई तक पहुँच जाएं। अगर किसी अबला की पराधीन दशा का अनुभव कराना हो, तो इस घटना से ज्यादा प्रभाव डालने वाली और कौन घटना हो सकती है कि शकुन्तला राजा दुष्यंत के दरबार में आकर खड़ी होती है और राजा उसे न पहचानकर उसकी उपेक्षा करता है ? खेद है कि आजकल के उपन्यासों में गहरे भावों को स्पर्श करने का बहुत कम मसाला रहता है। अधिकांश उपन्यास गहरे और प्रचंड भावों का प्रदर्शन नहीं करते। हम आए दिन की साधारण बातों ही में उलझकर रह जाते हैं।

इस विषय में अभी तक मतभेद है कि उपन्यास में मानवीय दुर्बलताओं और कुवासनाओं का, कमज़ोरियों और अपकीर्तियों का, विशद वर्णन वाछनीय है या नहीं। मगर इसमें कोई संदेह नहीं कि जो लेखक अपने को इन्हीं विषयों में बांध लेता है, वह कभी कलाविद् की महानता को नहीं पा सकता, जो जीवन-संग्राम में एक मनुष्य की आन्तरिक दशा को, सत् और असत् के संघर्ष और अन्त में सत्य की विजय को, मार्मिक ढंग से दर्शाता है। यथार्थवाद का यह आशय नहीं है कि हम अपनी दृष्टि को अंधकार की ओर ही केन्द्रित कर दें। अंधकार में मनुष्य को अंधकार के सिवा सूझ ही क्या सकता है ? बेशक, चुटकियाँ लेना, यहाँ तक कि नश्तर लगाना भी कभी-कभी आवश्यक होता है, लेकिल दैहिक व्यथा चाहे नश्तर से दूर हो जाए, मानसिक व्यथा सहानुभूति और उदारता से ही शांत हो सकती है। किसी को नीच समझकर हम उसे ऊँचा नहीं बना सकते; बल्कि उसे और नीचे गिरा देंगे। कायर यह कहने से बहादुर न हो जायेगा कि 'तुम कायर हो।' हमें एक दिखाना पड़ेगा कि उसमें साहस, बल और धैर्य — सब कुछ है, केवल उसे जगाने की जरूरत है। साहित्य का सम्बन्ध सत्य और सुंदर से है, यह हमें न भूलना चाहिए।

मगर आजकल, कुकर्म, हत्या, चोरी, डाके से भरे हुए उपन्यासों की जैसे बाढ़-सी आ गई है।

साहित्य के इतिहास में ऐसा कोई समय न था, जब ऐसे कुरुचिपूर्ण उपन्यासों की इतनी भरमार रही हो। जासूसी उपन्यासों में क्यों इतना आनंद आता है ? क्या इसका कारण यह है कि पहले से अब लोग ज्यादा पापाशक्त हो गए हैं ? जिस समय लोगों का यह दावा है कि मानव-समाज नैतिक और बौद्धिक उन्नति के शिखर पर पहुँचा हुआ है, यह कौन स्वीकार करेगा कि हमारा समाज पतन की ओर जा रहा है ? शायद इसका कारण हो कि इस व्यावसायिक शांति के युग में ऐसी घटनाओं का अभाव हो गया है, जो मनुष्य के कुतूहल-प्रेम को संतुष्ट कर सकें — जो उसमें सनसनी पैदा कर दें, या इसका यह कारण हो सकता है कि, मनुष्य की धन लिप्सा उपन्यास के चरित्रों को धन के लोभ से कुकर्म करते देखकर प्रसन्न होती है। ऐसे उपन्यासों में यही होता है कि कोई आदमी लोभवश किसी धनाढ्य पुरुष की हत्या कर डालता है, या उसे किसी संकट में फंसाकर उससे मनमानी रकम ऐंठ लेता है। फिर जासूस आते हैं, वकील आते हैं और मुजरिम गिरफ्तार होता है, उसे सजा मिलती है। ऐसी रुचि को प्रेम, अनुराग या उत्सर्ग की कथाओं में आनंद नहीं आ सकता। भारत में वह व्यावसायिक वृद्धि तो नहीं हुई; लेकिन ऐसे उपन्यासों की भरमार शुरू हो गई। अगर मेरा अनुमान गलत नहीं हैं तो ऐसे उपन्यासों की खपत इस देश में भी अधिक होती है। इस कुरुचि का परिणाम रूसी उपन्यास-लेखक मैक्सिम गोर्की के शब्दों में ऐसे वातावरण का पैदा होना है, जो कुकर्म की प्रवृत्ति को दृढ़ करता है। इससे यह तो स्पष्ट ही है कि मनुष्य में पशु-वृत्तियां इतनी प्रबल होती जा रही हैं कि अब उसके हृदय में कोमल भावों के लिए स्थान ही नहीं रहा।

उपन्यास के चरित्रों का चित्रण जितना ही स्पष्ट, गहरा और विकास पूर्ण होगा, उतना ही पढ़ने वालों पर उसका असर पड़ेगा और यह लेखक की रचना-शक्ति पर निर्भर है। जिस तरह किसी मनुष्य को देखते ही हम उसके मनोभावों से परिचित नहीं हो जाते, ज्यों-ज्यों हमारी घनिष्ठता उससे बढ़ती है, त्यों-त्यों उसके मनोरहस्य खुलते हैं, उसी तरह उपन्यास के चरित्र भी लेखक की कल्पना में पूर्ण रूप से नहीं आ जाते; बल्कि उनमें क्रमशः विकास होता है। यह विकास इतने गुप्त, अस्पष्ट रूप से होता है कि पढ़ने वाले को किसी तबदीली का ज्ञान भी नहीं होता। अगर चरित्रों में किसी का विकास रूक जाये तो उसे उपन्यास से निकाल देना चाहिए, क्योंकि उपन्यास चरित्रों के विकास का ही विषय है। अगर उसमें विकास-दोष है, तो वह उपन्यास कमजोर हो जायेगा। कोई चरित्र अंत में भी वैसा ही रहे, जैसा वह पहले था — उसके बल बुद्धि और भावों का विकास न हो, तो वह असफल चरित्र है।

इस दृष्टि से जब हम हिन्दी के वर्तमान उपन्यासों को देखते हैं तो निराश होती है। अधिकांश चरित्र ऐसे ही मिलेंगे जो काम तो बहुतेरे करते हैं; लेकिन जैसे जो काम वे आदि में करते, उसी तरह,

वही, अन्त में भी करते हैं।

कोई उपन्यास शुरू करने के लिए यदि हम उन चरित्रों का एक मानसिक चित्र बना लिया करें तो फिर उनका विकास दिखाने में हमें सरलता होगी। यह कहने की भी जरूरत नहीं है, विकास परिस्थिति के अनुसार स्वाभाविक हो, अर्थात् — पाठक और लेखक दोनों इस विषय में सहमत हों। अगर पाठक का यह भाव हो कि इस दशा में ऐसा नहीं होना चाहिए था, तो इसका आशय हो सकता है कि लेखक अपने चरित्र के अंकित करने में असफल रहा। चरित्रों में कुछ न कुछ विशेषता भी रहनी चाहिए। जिस तरह संसार में कोई व्यक्ति समान नहीं होते, उसी भाँति उपन्यास में भी न होना चाहिए। कुछ लोग तो बातचीत या शक्ल-सूरत से विशेषता उत्पन्न कर देते हैं; लेकिन असली अन्तर तो वह है, जो चरित्रों में हो।

उपन्यास में वार्त्तालाप जितना अधिक हो और लेखक की कलम से जितना ही कम लिखा जाये, उतना ही उपन्यास सुन्दर होगा। वार्त्तालाप केवल रस्मी नहीं होनी चाहिए। प्रत्येक वाक्य को — जो किसी चरित्र के मुंह से निकले — उसके मनोभावों और चरित्र पर कुछ-न-कुछ प्रकाश डालना चाहिए। बातचीत का पूर्ण रूप से स्वाभाविक परिस्थितियों के अनुकूल, सरल और सूक्ष्म होना जरूरी है। हमारे उपन्यासों में अक्सर बातचीत भी उसी शैली में कराई जाती है, मानो लेखक खुद लिख रहा हो। शिक्षित-समाज की भाषा तो सर्वत्र एक है, हाँ, भिन्न-भिन्न जातियों की जुबान पर उनका रूप कुछ-न-कुछ बदल जाता है बंगाली, मारवाड़ी और ऐंग्लो इंडियन भी कभी-कभी बहुत शुद्ध हिंदी बोलते पाए जाते है; लेकिन यह अपवाद हैं, नियम नहीं। यह ग्रामीण बातचीत कभी-कभी हमें दुविधा में डाल देती है। बिहार की ग्रामीण भाषा शायद दिल्ली के आसपास का आदमी समझ न सकेगा।

वास्तव में कोई रचना रचियता के मनोभावों का, उसके चरित्र का, उसके जीवनदर्शन का, उसके दर्शन का आईना होती है। जिसके हृदय में देश की लगन है, उसके चरित्र, घटनावली और परिस्थितियाँ सभी उस रंग में रंगी हुई नजर आएँगी। लहरी आनंदी लेखकों के चरित्रों में भी अधिकांश चरित्र ऐसे ही होंगे, जिन्हें जगत्-गति नहीं व्यापती। वे जासूसी, तिलिस्मी चीजें लिखा करते हैं। अगर लेखक आशावादी है, तो उसकी रचना से आशावादिता छलकती रहेगी। अगर वह शोकवादी है, तो बहुत प्रयत्न करने पर भी वह अपने चरित्रों को जिंदादिल न बना सकेगा। 'आजाद-कथा' को उठा लीजिए, तुरंत मालूम हो जायेगा कि लेखक हँसने-हँसाने वाला जीव है, जो जीवन को गम्भीर विचार के योग्य नहीं समझता। जहाँ उसने समाज के प्रश्नों को उठाया है, वहाँ शैली शिथिल हो गई है।

जिस उपन्यास को समाप्त करने के बाद पाठक अपने अन्दर उत्कर्ष का अनुभव करे, उसके सद्भाव जाग उठें, वही सफल उपन्यास है। जिसके भाव गहरे हैं, प्रखर हैं — जो जीवन में दब्बू

बनकर नहीं, बल्कि सवार बनकर चलता है, जो उद्योग करता है और विफिल होता है, उठने की कोशिश करता है और गिरता है, जो वास्तविक जीवन की गहराइयों में डूबा है, जिसने जिंदगी के ऊँच-नीच देखे हैं, सम्पत्ति और विपत्ति का सामना किया है, जिसकी मखमली गद्दों पर ही नहीं गुजरती, वही लेखक ऐसे उपन्यास रच सकता है, जिनमें प्रकाश, जीवन और आनंद प्रदान करने की सामर्थ्य होगी।

उपन्यास के पाठकों की रुचि भी अब बदलती जा रही है। अब उन्हें केवल लेखक की कल्पनाओं से संतोष नहीं होता। कल्पना कुछ भी हो, कल्पना ही है। वह यथार्थ का स्थान नहीं ले सकती। भविष्य उन्हीं उपन्यासों का है, जो अनुभूति पर खड़े हों।

इसका आशय यह है कि भविष्य में उपन्यास में कल्पना कम, सत्य अधिक होगा, हंमारे चरित्र कल्पित न होंगे, बल्कि व्यक्तियों के जीवन पर आधारित होंगे। किसी हद तक तो अब भी ऐसा होता है, पर बहुधा हम परिस्थितियों का ऐसा क्रम बांधते हैं कि अंत स्वाभाविकता होने पर भी वह होता है, जो हम चाहते हैं। हम स्वाभाविकता का स्वांग जितनी खूबसूरती से भर सकें, उतने ही सफल होते है, लेकिन भविष्य में पाठक इस स्वाँग से संतुष्ट न होगा।

यों कहना चाहिए कि भावी उपन्यास जीवन-चरित्र होगा; चाहे किसी बड़े आदमी का या छोटे आदमी का। उसकी छुटाई-बड़ाई का फैसला उन कठिनाइयों से किया जायेगा कि जिन पर उसने विजय पायी है। हाँ, वह चरित्र इस ढंग से लिखा जायेगा कि उपन्यास मालूम हो। अभी हम झूठ को सच बनाकर दिखाना चाहते हैं, भविष्य में सच को झूठ बनाकर दिखाना होगा। किसी किसान का चरित्र हो, या किसी देशभक्त का, या किसी बड़े आदमी का, पर उसका आधार यथार्थ पर होगा। तब यह काम उससे कठिन होगा जितना अब है; क्योंकि ऐसे बहुत कम लोग हैं, जिन्हें बहुत से मनुष्यों को भीतर से जानने का गौरव प्राप्त हो।

एक भाषण

सज्जनो ! आर्य समाज ने इस सम्मेलन का नाम आर्यभाषा सम्मेलन शायद इसलिए रखा है कि यह समाज के अंतर्गत उन भाषाओं का सम्मेलन है, जिनमें आर्यसमाज ने धर्म का प्रचार किया है। और उनमें उर्दू और हिंदी दोनों का दर्जा बराबर है। मैं तो आर्यसमाज को जितनी धार्मिक संस्था समझता हूँ, उतनी ही तहजीबी (सांस्कृति) संस्था भी समझता हूँ। बल्कि आप क्षमा करें तो मैं कहूंगा कि उसके तहज़ीबी कारनामें उसके धार्मिक कारनामों से ज्यादा प्रसिद्ध और रोशन हैं। आर्य-सामज ने साबित कर दिया है कि समाज की सेवा ही किसी धर्म के सजीव होने का लक्षण है। सेवा का ऐसा कौन-सा क्षेत्र है, जिसमें उसकी कीर्ति की ध्वजा उड़ रही हो। क़ौमी जिंदग़ी की समस्याओं को हल करने में उसने जिस दूरदेशों का सबूत दिया है, उस पर हम गर्व कर सकते हैं। हरिजनों के उद्धार में सबसे पहले आर्य समाज ने क़दम उठाया, लड़कियों की शिक्षा की जरूरत सबसे पहले उसने समझा। वर्ण-व्यवस्था को जन्मगत न मानकर कर्मगत सिद्ध करने का सेहरा उसके सिर है। जाति भेद भाव और खानपान के छुतछात और चौके-चूल्हे की बाधाओं को मिटाने का गौरव उसी को प्राप्त है। यह ठीक है कि ब्रह्म-समाज ने इस दिशा में पहले क़दम रखा, पर वह थोड़े से अंग्रेजी पढ़े-लिखों तक ही रह गया। इन विचारों को जनता तक पहुंचाने का बीड़ा आर्यसमाज ने ही उठाया। अंधविश्वास और धर्म के नाम पर किए जानेवाले हजारों अनाचारों की क़ब्र उसने खोदी, हालाँकि मुर्दे को उसमें दफ़न न कर सका और अभी तक उसकी जहरीली दुर्गन्ध उड़-उड़कर समाज को दूषित कर रही है।

समाज के मानसिक और बौद्धिक धरातल (सतह) को आर्यसमाज ने जितना उठाया है, शायद ही भारत की किसी संस्था ने उठाया हो। उसके उपदेशकों ने वेदों और वेदांगों के गहन विषयों को जनसाधारण की सम्पत्ति बना दिया, जिन पर विद्वानों और आचार्यों के कई-कई लीवरवाले ताले लगे हुए थे। आज आर्यसमाज के उत्सवों और गुरुकुलों के जलसों में हजारों मामूली लियाक़त के स्त्री-पुरुष

सिर्फ़ विद्वानों के भाषण सुनने का आनन्द उठाने के लिए खिंचे चले जाते हैं।

गुरुकुलाश्रम को नया जन्म देकर आर्यसमाज ने शिक्षा को सम्पूर्ण बनाने का महान् उद्योग किया है। सम्पूर्ण से मेरा आशय उस शिक्षा का है, जो सर्वांगवपूर्ण हो, जिसमें मन, बुद्धि, चरित्र और देह, सभी के विकास का अवसर मिले। शिक्षा का वर्तमान आदर्श यही है। मेरे ख्याल में यह चिरसत्य है। वह शिक्षा, जो सिर्फ अक्ल तक ही रह जाये, अधूरी है। जिन संस्थाओं में युवकों में समाज से पृथक रहने वाली मनोवृत्ति पैदा हो, जो अमीर और ग़रीब के भेद को न सिर्फ कायम रखे, बल्कि और मजबूत करे, जहाँ पुरुषार्थ इतना कोमल बना दिया जाये कि उसमें मुश्किलों का सामना करने की शक्ति न रह जाये, जहाँ कला और संयम में कोई मेल न हो, जहाँ की कला केवल नाचने-गाने और नक़ल करने में ही जाहिर हो, उस शिक्षा का मैं क़ायल नहीं हूँ। शायद ही मुल्क में कोई ऐसी शिक्षा-संस्था हो, जिसने क़ौम की पुकार का इतनी जवाँमर्दी से स्वागत किया हो। अगर विद्या हममें सेवा और त्याग का भाव न लाए, अगर विद्या हमें आदर्श के लिए सीना खोलकर खड़ा होना न सिखाए, अगर विद्या हममें स्वाभिमान न पैदा करे, और हमें समाज के जीवन-प्रवाह से अलग रखे, तो उसे विद्या से हमारी अविधा अच्छी। आर्य समाज ने हमारी भाषा के साथ जो उपकार किया है, उसका सबसे उज्ज्वल प्रमाण यह है कि स्वामी दयानन्द ने इसी भाषा में 'सत्यार्थ-प्रकाश' लिखा, और उस वक्त लिखा, जब उसकी इतनी चर्चा न थी। उनकी बारीक नज़र ने देख लिया कि अगर जनता में प्रकाश ले जाना है, तो उसके लिए हिंदी भाषा ही अकेला साधन है, और गुरुकुलों ने हिंदी भाषा को शिक्षा का माध्यम बनाकर अपने भाषा-प्रेम को और भी सिद्ध कर दिया है।

सज्जनों, मैं यहाँ हिन्दी भाषा की उत्पत्ति और विकास की कथा नहीं कहना चाहता, वह सारी कथा भाषा-विज्ञान की पोथियों में लिखी हुई है। हमारे लिए इतना ही जानना काफ़ी है कि आज हिंदुस्तान के पंद्रह-सोलह करोड़ के सभ्य व्यवहार और साहित्य की यही भाषा है। हाँ, वह लिखी जाती है दो लिपियों में और उसी एतबार से हम उसे हिंदी या उर्दू कहते हैं। पर है वह एक ही। बोलचाल में तो उसमें बहुत कम फ़र्क है। हाँ, लिखने में तो वह फ़र्क बढ़ जाता है, मगर उस तरह का फ़र्क सिर्फ हिंदी में ही नहीं, गुजराती, बँगला और मराठी वग़ैरह भाषाओं में भी कमोवेश वैसा ही फ़र्क पाया जाता है। भाषा के विकास में हमारी संस्कृति की छाप होती है, और जहाँ संस्कृति में भेद होगा वहाँ भाषा में भेद होना स्वाभाविक है। जिस भाषा का हम और आप व्यवहार कर रहे हैं, वह देहली प्रान्त की भाषा है, उसी तरह जैसे ब्रजभाषा, अवधी, मैथिली, भोजपुरी और मारवाड़ी आदि भाषाएँ अलग-अलग क्षेत्रों में बोली जाती हैं और सभी साहित्यकि भाषा रह चुकी हैं।

बोली का परिमार्जित रूप ही भाषा है। सबसे ज्यादा प्रसार तो ब्रजभाषा का है, क्योंकि वह आगरा

प्रान्त के बड़े हिस्से में ही नहीं, सारे बुन्देलखंड की बोलचाल की भाषा है। अवधी अवध प्रांत की भाषा है। भोजपुरी, प्रांत के पूर्वी जिलों में बोली जाती है, और मैथिली बिहार प्रांत के कई जिलों में। ब्रजभाषा में जो साहित्य रचा गया है, वह हिंदी के पद्य-साहित्य का गौरव है। अवधी के प्रमुख ग्रंथ तुलसीकृत रामायण और मलिक मुहम्मद जायसी का रचा हुआ पद्मावत है। मैथिली में विद्यापति की रचनाएँ ही मशहूर हैं। मगर साहित्य में आम तौर पर मैथिली क़ा व्यवहार होता था। हिंदी के विकास के पहले ब्रजभाषा ही हमारी साहित्यिक भाषा थी और प्रायः उन सभी प्रदेशों में, जहां आज हिंदी का प्रचार है, पहले ब्रजभाषा ही हमारी साहित्यिक भाषा थी और प्रायः उन सभी प्रदेशों में, जहाँ आज हिंदी का प्रचार है, पहले ब्रजभाषा का प्रचार था। अवध में और काशी में भी कवि लोग अपने कवित्त ब्रजभाषा में ही कहते थे। यहाँ तक कि गया में भी ब्रजभाषा का प्रचार था।

तो यकायक ब्रजभाषा, अवधी, भोजपुरी आदि को पीछे हटा कर हिंदी कैसे सबसे ऊपर ग़ालिब आयी, यहाँ तक कि अब अवधी और भोजपुरी का तो साहित्य में कहीं व्यवहार नहीं है। हाँ, ब्रजभाषा को अभी तक थोड़े-से लोग सीने से चिपटाए हुए हैं। हिन्दी को यह गौरव प्रदान करने का श्रेय मुसलमानों को है। मुसलमानों ही ने दिल्ली प्रांत की इस बोली को, जिसको उस वक्त तक भाषा का पद न मिला था, व्यवहार में लाकर उसे दरबार की भाषा बना दिया और दिल्ली के उमरा और सामंत जिन प्रांतों में गये, हिंदी भाषा को साथ लेते हुए। उन्हीं के साथ वह दक्खिन में पहुँची और उसका बचपन दक्खिन ही में गुजरा। दिल्ली में बहुत दिनों तक अराजकता का जोर रहा, और भाषा को विकास का अवसर न मिला, और दक्खिन में वह पतली रही। गोलकुंडा, बीजापुर, गुलबर्गा आदि के दरबारों में इसी भाषा में शेर-शायरी होती रही है। मुसलमान बादशाह प्रायः साहित्यप्रेमी होते थे। बाबर, हुमायूं, जहांगीर, शाहजहाँ, औरंगजेब, दाराशिकोह सभी साहित्य के मर्मज्ञ थे। सभी ने अपने-अपने रोजनामचे लिखे हैं। अकबर खुद शिक्षित न हो, मगर साहित्य का रसिक था। दक्खिन के बादशाहों ने अक्सर कविताएँ की और कवियों को आश्रय दिया। पहले तो उनकी भाषा कुछ अजीब, खिचड़ी-सी थी, जिसमें हिन्दी, फ़ारसी सब कुछ मिला होता था। आपको शायद मालूम होगा कि हिंदी की सबसे पहली रचना खुसरों ने की है, जो मुगलों से भी पहले खिलजी राजकाल में हुए। खुसरों की कविता का एक नमूना देखिए —

जब यार देखा नैन भर, दिल की गयी चिंता उतर,
ऐसा नहीं कोई अजब, राखे उसे समझाय कर।
जब आंख से ओझल भया, तड़पन लगा मेरा जिया,

हक्का इलाही क्या किया, आँसू चले भर लाय कर।।

तूं तो हमारा यार है, तुम पर हमारा प्यार है,
तुझ दोस्ती बिसियार है, यक शब मिलो तुम आय कर।
मेरा जो मन तुमने लिया, तुमने उठा ग़म को दिया,
ग़म ने मुझे ऐसा किया, जैसे पतंगा आग पर।।

खुसरों की एक दूसरी गज़ल देखिए —

वह गये बालम, वह गये, नदियों किनार,
आप पार उतर गये, हम तो रहे अरदार।
भाई रे मल्लाहों, हम को उतारो पार,
हाथ का देऊंगी मुंदरी, गल का देऊँ हार।

मुसलमानी जमाने में अवश्य ही हिंदी के तीन रूप होंगे। एक नागरी लिपि में ठेठ हिंदी, जिसे भाषा या नागरी कहते थे, दूसरी उर्दू यानी फ़ारसी लिपि में लिखी हुई फ़ारसी से मिली हुई हिंदी और तीसरी ब्रजभाषा। लेकिन हिंदी भाषा को मौजूदा सूरत में आते-आते सदियाँ गुज़र गईं। यहां तक सन् 1803 ई० से पहले का कोई ग्रंथ नहीं मिलता। सदल मिश्र की 'चंद्रावती' का रचना काल 1803 माना जाता है, और सदल मिश्र ही हिंदी के आदिलेखक ठहरते हैं। इसके बाद लल्लूजी, सैयद इंशा अल्लाह खाँ वगैरह के नाम हैं। इस लिहाज से हिंदी गद्य का जीवन सवा सौ साल से ज्यादा का नहीं है, और क्या यह आश्चर्य की बात नहीं है कि सवा सौ साल पहले जिस जबान में कोई गद्य-रचना तक न थी, आज सारे हिंदुस्तान की क़ौमी जबान बनी हुई है ? और इसमें मुसलमानों का कितना सहयोग है, यह हम बता चुके हैं। हमें संदेह है कि मुसलमानों का सहारा पाए बग़ैर हमको आज यह दर्जा हासिल होता।

जिस तरह हिंदुओं की हिंदी का रूप विकसित हो रहा था, उसी तरह मुसलमानों की हिंदी का रूप भी बदलता जा रहा था। लिपि तो शुरू से ही अलग थी, जबान का रूप भी बदलने लगा। मुसलमानों की संस्कृति ईरान और अरब की है। उसका जबान पर असर पड़ने लगा। अरबी और फ़ारसी के शब्द उसमें आ-आकर मिलने लगे, यहां तक कि आज हिंदी और उर्दू दो अलग-अलग जबानें-सी हो गई हैं। एक तरफ़ हमारे मौलवी साहबान अरबी और फ़ारसी के शब्द भरते जाते हैं, दूसरी ओर पंडितगण, संस्कृत और प्राकृत के शब्द ठूंस रहे हैं, और दोनों भाषाएं जनता से दूर होती

जा रही हैं। हिंदुओं की खासी तादाद अभी तक उर्दू पढ़ती जा रही हैं, लेकिन उनकी तादाद दिन-दिन घट रही है।) मुसलमानों ने हिंदी से कोई सरोकार रखना छोड़ दिया। तो क्या यह तप समझ लिया जाये कि उत्तर भारत में उर्दू और हिंदी दो भाषाएं अलग-अलग रहेंगी, उन्हें अपने-अपने ढंग पर, अपनी-अपनी संस्कृति के अनुसार बढ़ने दिया जाये, उनको मिलाने की और इस तरह उन दोनों की प्रगति को रोकने की कोशिश न की जाये ? या ऐसा सम्भव है कि दोनों भाषाओं को इतना समीप लाया जाये कि उनमें लिपि के सिवा कोई भेद न रहे। बहुमत पहले निश्चय की ओर है। हाँ, कुछ थोड़े-से लोग ऐसे भी हैं, जिनका ख्याल है कि दोनों भाषाओं में एकता लायी जा सकती है, और इस बढ़ते हुए फ़र्क को रोका जा सकता है, लेकिन उनकी आवाज नक्कारखाने में तूती की आवाज है। ये लोग हिंदी और उर्दू नामों का व्यवहार नहीं करते, क्योंकि दो नामों का व्यवहार उनके भेद को और मजबूत करता है। यह लोग दोनों को एक नाम से पुकारते हैं और वह 'हिंदुस्तानी' है। उनका आदर्श है कि जहाँ तक मुमकिन हो, लिखी जानेवाली जबान और बोलचाल की जबान की सूरत एक हो, और वह थोड़े से पढ़े-लिखे आदमियों की जबान न रहकर सारी क़ौम की जबान हो। जो कुछ लिखा जाये, उसका फ़ायदा जनता भी उठा सके, और हमारे यहाँ पढ़े-लिखों को जो एक जमाअत अलग बनती जा रही है, और जनता से उनका सम्बन्ध जो दूर होता जा रहा है, वह दूरी मिट जाये और पढ़े-बे-पढ़े सब अपने को एक जान, एक दिल समझें, और क़ौम में ताकत आवे।

चूंकि उर्दू जबान से अरसे से अदालती और सभ्य-समाज को भाषा रही है, इसलिए उसमें हज़ारों फ़ारसी और अरबी के शब्द इस तरह घुल-मिल गए हैं कि बज्र देहाती भी उनका मतलब समझ जाता है। ऐसे शब्दों को अलग करके हिंदी में विशुद्धता लाने का जो प्रयत्न किया जा रहा है, हम उसे जबान और क़ौम दोनों ही के साथ अन्याय समझते हैं। इसी तरह हिंदी या संस्कृत या अंग्रेजी के जो बिगड़े हुए शब्द उर्दू में मिल गए, उनको चुन-चुनकर निकालने और उनकी जगह खालिस फ़ारसी और अरबी के शब्दों के इस्तेमाल को भी उतना ही एतराज के लायक समझते हैं। दोनों तरफ से इस अलगौझे का सबब शायद यही है कि हमारा पढ़ा-लिखा समाज जनता से अलग-अलग होता जा रहा है, और उसे इसकी खबर ही नहीं कि जनता किस तरह अपने भावों और विचारों को अदा करती है।

ऐसी जबान जिसके लिखने और समझनेवाले थोड़े से पढ़े-लिखे लोग ही हों, मसनई, बेजान और बोझल हो जाती है। जनता का मर्म स्पर्श करने की, उन तक अपना पैग़ाम पहुँचाने की उसमें कोई शक्ति नहीं रहती। वह उस तालाब की तरह है, जिसक घाट संगमरमर के बने हों, जिसमें कमल खिले हों। लेकिन उसका पानी बंद हो। क्या उस पानी में वह सेहत देनेवाली ताक़त, वह सफाई है, जो खुली हुई धारा में होती है ? कौम की जबान वह है, जिसे कौम समझे, जिसमें कौम की आत्मा हो, जिसमें

कौम के जज़बात हों। अगर पढ़े-लिखे समाज की जबान ही कौम की जबान है, तो क्या हम अंग्रेज को कौम की जबान कहें ? क्योंकि मेरा तजुरबा है कि आज पढ़ा-लिखा समाज जिस बेतकल्लुफी अंग्रेजी बोल सकता है, और जिस रवानी के साथ अंग्रेजी लिख सकता है, उर्दू या हिंदी बोल या लि नहीं सकता। बड़े-बड़े दफ्तरों में और ऊँचे दायरे में आज भी किसी को उर्दू-हिंदी बोलने की महीनो बरसों जरूरत नहीं होती। खानसामें और बैरे भी ऐसे रखे जाते हैं, जो अंग्रेजी बोलने और समझ हैं। जो इस तरह की जिंदगी बसर करने के शौकीन हैं, उनके लिए तो उर्दू, हिंदी, हिंदुस्तानी का को झगड़ा ही नहीं। वह इतनी बुलंदी पर पहुंच गए हैं कि नीचे की धूल और गर्मी उन पर कोई अस नहीं कर सकती। वह मुअल्लक़ हवा में लटके रह सकते हैं। लेकिन हम सब तो हजार कोशिश कर पर भी वहाँ तक नहीं पहुंच सकते। हमें तो इसी धूल और गर्मी में जीना और मरना है। 'इंटेलिजेंशिया में जो कुछ शक्ति और प्रभाव है, वह जनता से ही आता है। उससे अलग रहकर वे हाकिम की सूरत में ही रह सकते हैं, खदिम की सूरत में जनता के होकर जनता के होकर नहीं रह सकते। उनके अरमान और मंसूबे उनके हैं, जनता के नहीं। उनकी आवाज उनकी है, उसमें जन समूह की आवाज की गहराई और गरिमा और गम्भीरता नहीं है। वह अपने प्रतिनिधि हैं, जनता के प्रतिनिधि नहीं।

बेशक, यह बड़ा जोरदार जवाब है कि जनता में शिक्षा इतनी कम है; समझने की ताकत इतनी कम है कि अगर उसे जेहन में रखकर कुछ बोलना या लिखना चाहें, तो हमें लिखना और बोलना बन्द करना पड़ेगा। यह जनता का काम है कि वह साहित्य पढ़ने और गहन विषयों को समझने की ताक़त अपने में लाए। लेखक का काम तो अच्छी-से-अच्छी भाषा में ऊँचे-से-ऊँचे विचारों को प्रकट करना है। अगर जनता का शब्दकोश सौ-दौ-सौ निहायत मामूली रोजमर्रा के काम के शब्दों के सिवा और कुछ नहीं हैं, तो लेखक कितनी ही सरल भाषा लिखे, जनता के लिए वह कठिन होगी। इस विषय में हम इतना अर्ज करेंगे कि जनता को इस मानसिक दशा में छोड़ने की जिम्मेदारी भी हमारे ही ऊपर है हमें जिनके पास इल्म है, और फुरसत है, यह उनका फ़र्ज़ था कि अपनी तकरीरो से जनता में जागृति पैदा करते जनता में ज्ञान के प्रचार के लिए पुस्तकें लिखते और सफ़री कुतुबखाने कायम करते। हममें जिन्हें मक़दरत है, वह मदरसे खोलने के लिए लाखों रुपये खैरात करते हैं। मैं यह नहीं चाहता कि कौम को ऐसे मुहसिनों को धन्यवाद न देना चाहिए, मगर क्या ऐसी संस्थाएं न खुल सकती थीं और क्या उनसे कौम का कुछ कम उपकार होता, जो भाषणों और पुस्तकों से जनता के साहित्य और विज्ञान का प्रचार करती और उनको सभ्यता की ऊँची सतह पर लातीं ?

आर्यसमाज ने जिस तरह के विषयों का जनता में प्रचार किया है, उन विषयों को साधारण पढ़ा-लिखा, आर्यसमाजी भी खूब समझता है। अदालती मामलों को, या मुक्ति और आवागमन जैसे

गम्भीर विषयों को गाँव के किसान भी अगर ज्यादा नहीं समझते, तो साधारण पढ़े-लिखों के बराबर तो समझ ही लेते है। इसी तरह अन्य विषयों की चर्चा भी जनता के सामने होती रहती, तो हमें यह शिकायत न होती कि जनता हमारे विचारों को समझ नहीं सकती। मगर हमने जनता की परवाह ही कब की है ? हमने केवल उसे दुधारु गाय समझा है। वह हमारे लिए अदालतों में मुकद्दमें लाती रहे, हमारे कारखानों की बनी हुई चीजें खरीदती रहें। इनके सिवा हमने उससे कोई प्रयोजन नहीं रखा, जिसका नतीजा यह है कि आज जनता को अंग्रेजो पर जितना विश्वास है, उतना अपने पढ़े-लिखे भाइयों पर नहीं।

संयुक्त प्रान्त के साबिक के पहले के गवर्नर सर विलियम मौरिस ने इलाहाबाद की हिंदुस्तानी एकेडेमी खोलते वक्त हिंदी-उर्दू के लेखकों को जो सलाह दी थी, उसे ध्यान में रखने की आज भी उतनी ही जरूरत है जितनी उस वक्त थी, शायद और ज्यादा। आपने फरमाया था। हिंदी के लेखकों को लिखते वक्त यह समझते रहना चाहिए कि उनके पाठक मुसलमान हैं। इसी तरह उर्दू के लेखकों को यह ख्याल रखना चाहिए कि उनके क़ारी हिन्दू हैं।

यह एक सुनहली सलाह है और अगर हम इसे गाँठ बाँध लें, तो जबान का मसला बहुत कुछ तय हो जाये। मेरे मुसलमान दोस्त मुझे माफ फ़रमाए, अगर मैं कहूं कि इस मुआमले में वह हिंदू लेखकों से ज्यादा खतावार हैं। संयुक्त प्रान्त की कॉमनलैग्वेज़ रीड़रों को देखिए। आप सहल किस्म की उर्दू पाएंगे। हिंदी की अरबी किताबों में भी अरबी और फारसी के सैंकड़ों शब्द धड़ल्ले से लाए जाते हैं, मगर उर्दू-साहित्य में फारसी की तरफ ज्यादा झुकाव है। इसका सबब वही है कि मुसलमानों ने हिंदी से कोई ताल्लुक नहीं रखा है, और न रखना चाहते हैं। शायद हिंदी से थोड़ी-सी वाकफियत हासिल कर लेना भी वह बसरे-शान समझते हैं, हालांकि हिंदी वह चीज है, जो एक हफ्ते में आ जाती है।

जब तक दोनों भाषाओं का मेल न होगा, हिंदुस्तानी जबान की गाड़ी जहाँ आकर रूक गई है, उससे आगे न बढ़ सकेगी। और यह सारी करामात फोर्ट विलियम की है, जिसने एक ही जबान के दो रूप मान लिए। इसमें भी उस वक्त कोई राजनीति काम कर रही थी या उस वक्त भी दोनों जबानों में काफी फर्क आ गया था, यह हम नहीं कह सकते; लेकिन जिन हाथों ने यहाँ की जबान के उस वक्त दो टुकड़े कर दिए, उसने हमारी कौमी जिन्दगी के दो टुकड़े कर दिए। अपने हिंदू दोस्तों से भी मेरा यही नम्र निवेदन है कि जिन शब्दों ने जन-साधारण में अपनी जगह बना ली है, और उन्हें लोग आपके मुंह या कलम से निकलते ही समझ जाते हैं, उनके लिए संस्कृत-कोष की मदद लेने की जरूरत नहीं। 'मौजूद' के लिए 'उपस्थित', 'इरादा' के लिए 'संकल्प', 'बनावटी' के लिए 'कृत्रिम' शब्दों को काम में लाने की खास जरूरत नहीं। प्रचलित शब्दों को शुद्ध रूप में लिखने का रिवाज भी भाषा को

अकारण ही कठिन बना देता है। खेत को क्षेत्र, बरस को वर्ष, छेद को छिद्र, काम को कार्य, सूरज को सूर्य, जमुना को यमुना लिखकर आप मुंह और जीभ के लिए ऐसा कसरत का सामान रख देते हैं, जिसे नब्बे फीसदी आदमी नहीं रह सकते। इसी मुश्किल को दूर करने और भाषा को सुबोध बनाने के लिए कवियों ने ब्रजभाषा और अवधी में शब्दों के प्रचलित रूप ही रखे थे। जनता में अब भी उन शब्दों का पुराना बिगड़ा हुआ रूप चलता है, मगर हम विशुद्धता की धुन में पड़े हुए हैं।

मगर सवाल यह है, क्या इस हिंदुस्तानी में क्लासिकल भाषाओं के शब्द लिये ही न जायें? नहीं, यह तो हिंदुस्तानी का गला घोंट देना होगा। आज साइंस की नयी-नयी शाखें निकलती जा रही हैं और नित नये-नये शब्द हमारे सामने आ रहे हैं, जिन्हें जनता तक पहुँचाने के लिए हमें संस्कृत या फ़ारसी की मदद लेनी पड़ती है। किस्से-कहानियों में तो आप हिंदुस्तानी ज़बान का व्यवहार कर सकते हैं, वह भी जब आप गद्य-काव्य न लिख रहे हों, मगर आलोचना या नक़ीद, अर्थशास्त्र, राजनीति, दर्शन और अनेक साइंस के विषय में क्लासिकल भाषाओं से मदद लिये बगैर काम नहीं चल सकता। तो क्या संस्कृत और अरबी या फ़ारसी के अलग-अलग शब्द बनाए जाएं? ऐसा हुआ तो एकरूपता कहाँ आयी ? फिर तो वही होगा, जो इस वक्त हो रहा है। जरूरत तो यह है कि एक ही शब्द लिया जाये, चाहे वह संस्कृत से लिया जाये या फारसी से, या दोनों को मिलाकर कोई नया शब्द गढ़ लिया जाये। 'सेक्स' के लिए हिंदी में कोई शब्द अभी तक नहीं बन सका। आमतौर पर 'स्त्री पुरुष सम्बन्धी' इतना बड़ा शब्द उस भाव को जाहिर करने के लिए काम में लाया जा रहा है। उर्दू में 'जिंस' का इस्तेमाल होता है। जिंसी, जिंसियत आदि शब्द भी उसी से निकले हैं। कई लेखकों ने हिन्दी में भी जिंसी, जिंस, जिंसियत का इस्तेमाल करना शुरू कर दिया है।

लेकिन यह मसला आसान नहीं है। अगर हम इसे मान लें कि हिंदुस्तान के लिए एक क़ौमी जबान की जरूरत है, जिसे सारा मुल्क समझ सके, तो हमें उसके लिए तपस्या करनी पड़ेगी। हमें ऐसी सभाए खोलनी पड़ेगी, जहां लेखक लोग कभी-कभी मिलकर साहित्य के विषयों पर, या उसकी प्रवृत्तियों पर आपस में ख़यालात का तबादला कर सकें। दिलों की दूरी भाषा की दूरी का मुख्य कारण है। आपस के हेल-मेल से उस दूरी को दूर करना होगा। राजनीति के पंडितों ने क़ौम को जिस दुर्दशा में डाल दिया है, वह आप और हम सभी जानते हैं। अभी तक साहित्य के सेवकों ने भी किसी-न-किसी रूप में राजनीति के पंड़ितों को अगुआ माना है, और उनके पीछे-पीछे चले हैं। मगर अब साहित्यकारों को अपने विचार से काम लेना पड़ेगा। सियासत ने सम्प्रदायों को दो कैम्पों में खड़ा कर दिया है। राजनीति की हस्ती ही इस प्रकार क़ायम है कि दोनों आपस में लड़ते रहें। उनमें मेल होना उसकी मृत्यु है। इसलिए वह तरह-तरह के रूप बदलकर और जनता के हित का स्वांग भरकर अब तक

अपना व्यवसाय चलाती रही है।

साहित्य धर्म को फिर्काबंदी ही हद तक गिरा हुआ नहीं देख सकता। वह समाज को सम्प्रदायों के रूप में नहीं, मानवता के रूप में देखता है। किसी धर्म की महानता और फज़ीलत इसमें है कि वह इन्सान को इन्सान का कितना हमदर्द बनाता है, उसमें मानवता (इन्सानियत) का कितना ऊँचा आदर्श है, और उस आदर्श पर वहाँ कितना अमल होता है। अगर हमारा धर्म हमें यह सिखाता है कि इन्सानियत और हमदर्दी और भाईचारा सब कुछ अपने ही धर्मवालों के लिए है, और उस दायरे से बाहर जितने लोग हैं, सभी गैर हैं, और उन्हें जिंदा रहने का कोई हक् नहीं, तो मैं उस धर्म से अलग होकर विधर्मी होना ज्यादा पसंद करूंगा। धर्म नाम है उस रोशनी का, जो क़तरे को समुद्र में मिल जाने का रास्ता दिखाती है; जो हमारी जात को इमाओस्त में हमारी आत्मा को व्याँपक सर्वात्मा में मिले होने की अनभूति या यक़ीन कराती है। और चूंकि हमारी तबीयते एक-सी नहीं है, हमारे संस्कार एक-से नहीं हैं, हम उसी मंजिल तक पहुँचने के लिए अलग-अलग रास्ते अख्तियार करते हैं। इसीलिए भिन्न-भिन्न धर्मों का जहूर हुआ है। यह साहित्य-सेवियों का काम है कि वह सच्ची धार्मिक जागृति पैदा करें। धर्म के आचार्यों और राजनीति के पंड़ितों ने हमें गलत रास्ते पर चलाया है। मगर मैं दूसरे विषय पर आ गया।

हिंदुस्तानी को व्यावहारिक रूप देने के लिए दूसरी तदबीर यह है कि मैट्रिकुलेशन तक उर्दू और हिंदी हरएक छात्र के लिए लाजमी कर दी जाये। इस तरह हिंदुओं को उर्दू में और मुसलमानों को हिंदी में काफी महारत हो जायेगी, और अज्ञानता के कारण जो बदगुमानी और संदेह है, वह दूर हो जायेगा। चूंकि इस वक्त भी तालीम का सीग़ा हमारे मिनिस्टरों के हाथ में हैं, और करिकुलम में इस तबदीली से कोई ज्यादा खर्च न होगा, इसलिए अगर दोनों भाई मिलकर यह मुतालबा पेश करें, तो गवर्नमेंट को उसके स्वीकार करने में कोई इनकार न हो सकेगा। मैं यकीन दिलाना चाहता हूँ, कि इस तजवीज में हिन्दी या उर्दू किसी से भी पक्षपात नहीं किया गया है। साहित्यकार के नाते हमारा यह धर्म है कि हम मुल्क में ऐसी फ़िज़ा, ऐसा वातावरण लाने की चेष्टा करें, जिससे हम जिंदगी के हरेक पहलू में दिन-दिन आगे बढ़े। साहित्यकार पैदाइश से सौंदर्य का उपासक होता है। वह जीवन के हर अंग में, जिंदगी के हरेक शोबे में, हुस्न का जलवा देखना चाहता है। जहाँ सामंजस्य या हम आहँगी है, वही सौंदर्य है, वही सत्य है, वही हक़ीक़त है। जिन तत्त्वों से जीवन की रक्षा होती है, जीवन का विकास होता हैं, वही हुस्न है। वह वास्तव में हमारी आत्मा की बाहरी सूरत है। हमारी आत्मा अगर स्वस्थ है, तो वह हुस्न की तरफ़ बेअख्तियार दौड़ती है। हुस्न में उनके लिए न रुकनेवाली कशिश है। और कशिश है। और क्या यह कहने की जरूरत है कि नेफ़ाक़ और संदेह और संघर्ष, यह मनोविकार हमारे जीवन के पोषक

नहीं, बल्कि घातक हैं, इसलिए वह सुन्दर कैसे हो सकते हैं ? साहित्य ने हमेशा इन विकारों के खिलाफ़ आवाज उठाई है। दुनिया में मानवजाति के कल्याण के जितने आन्दोलन हुए हैं, उन सभी के लिए साहित्य ने ही जमीन तैयार की है, जमीन ही नहीं तैयार की बीज भी बोए और उसकी सिंचाई की। साहित्य राजनीति के पीछे चलने वाली चीज नहीं, उसके आगे-आगे चलनेवाला 'एडवांस गार्ड' है। वह उस विद्रोह का नाम है, जो मनुष्य के हृदय में अन्याय, अनीति और कुरुचि से होता है। और लेखक अपनी कोमल भावनाओं के कारण उस विद्रोह की जुबान बन जाता है और लोगों के दिलों पर भी चोट लगती हैं, पर अपनी व्यथा को अपने दर्द को, दिल हिला देने वाले शब्दों में वे जाहिर नहीं कर सकते। साहित्य का स्रष्टा उन चोटों को हमारे दिलों पर इस तरह अंकित करता है कि हम उनकी तीव्रता को सौ गुने वेग के साथ महसूस करने लगते हैं। इस तरह साहित्य की आत्मा आदर्श है और उसकी देह यथार्थ-चित्रण।

जिस साहित्य में हमारे जीवन की समस्याएँ न हों, हमारी आत्मा को स्पर्श करने की शक्ति न हो, जो केवल जिंसी भावों में गुदगुदी पैदा करने के लिए, या भाषा-चातुरी दिखाने के लिए रचा गया हो, वह निर्जीव साहित्य है, सत्यहीन, प्राणहीन। साहित्य में हमारी आत्माओं को जगाने की, हमारी मानवता को सचेत करने की, हमारी रसिकता को तृप्त करने की शक्ति होनी चाहिए। ऐसी ही रचनाओं से कौमें बनती हैं। वह साहित्य जो हमें विलासिता के नशे में डूबा दे, जो हमें वैराग्य, पस्त-हिम्मती, निराशावाद की ओर ले जाये, जिसके नजदीक-संसार दुःख का घर है — उससे निकल भागने में हमारा कल्याण है। जो केवल लिप्सा और भावुकता में डूबी हुई कथाएं लिखकर, कामुकता को भड़काए, निर्जीव है। सजीव साहित्य वह है जो प्रेम से लबरेज हो, उस प्रेम से नहीं, जो कामुकता का दूसरा नाम है; बल्कि उस प्रेम से जिसमें शक्ति है, जीवन है, आत्म-सम्मान है। अब इस तरह की नीति से हमारा काम न चलेगा कि,

'रहिमन चुप है बैठिए, देखि दिनन को फेर'

अब तो हमें इकबाल का शंखनाद चाहिए —

ब शाखे जिंदगिये मा नमीज़े तिश्ना बसस्त
तलाशे चश्माए हैबाँ दलीले बे तलबीस्त। १

ता कुजा दर तहे बाले दिगरां मी बाशी,
दर हवाये, चमन आज़ाद परीदन् आमोज। २

दर जहाँ बालो व परे ख़ेश कुशूदन आमोज,
कि परीदन् नतवाँ बा परो बाले दिगराँ। ३

(१) मेरे जीवन की डाली के लिए तृष्णा की तरी ही काफी है। अमृतकुंड की खोज में भटकना आकांक्षा के अभाव का प्रमाण है।

(२) दूसरों के डैनों का आश्रय तुम कब तक लोगे ? चमन की हवा में आज़ाद होकर उड़ना सीखो।

(३) दुनिय्रा में अपने डैने — पंखे को फैलाना सीखो, क्योंकि दूसरों के डैने — पंखे के सहारे सम्भव नहीं है।

जब हिंदुस्तानी क़ौमी जबान है, क्योंकि किसी न किसी रूप में यह पंद्रह-सोलह करोड़ आदमियों की भाषा है, तो यह भी जरूरी है कि हिंदुस्तानी जबान में ही हमें भारतीय साहित्य की सर्वश्रेष्ठ रचनाएँ पढ़ने को मिलें। आप जानते हैं, हिंदुस्तानी में बारह उन्नत भाषाएँ हैं और उनके साहित्य हैं। उन साहित्यों में जो कुछ संग्रह करने लायक है। वह हमें हिंदुस्तानी जबान में भी मिलना चाहिए। किसी भाषा में जो-जो अमर साहित्य है, वह सम्पूर्ण राष्ट्र की सम्पत्ति है। मगर अभी तक उन साहित्यों के द्वार हमारे लिए बन्द थे क्योंकि हिंदुस्तान की बारहों, भाषाओं का ज्ञान बिरले ही किसी को होगा। राष्ट्र प्राणियों के उस समूह को कहते हैं कि जिनकी एक विद्या, एक तहजीब हो, एक राजनैतिक संगठन हो, एक भाषा हो और एक साहित्य हो। हम और आप दिल से चाहते हैं कि हिंदुस्तानी सच्चे मानी में एक कौम बने। इसलिए हमारा कर्त्तव्य है कि भेद पैदा करने वाले कारणों को मिटाएँ और मेल पैदा करनेवाले कारणों को संगठित करें।

क़ौम की भावना यूरोप में भी दो-ढ़ाई सौ साल से ज्यादा पुरानी नहीं। हिंदुस्तानी में तो यह भावना अंग्रेजी राज के विस्तार के साथ ही आयी है। इस गुलामी का एक रोशन पहलू यही है कि उसने हममें कौमियत की भावना को जन्म दिया। इस खुदादाद मौक़े से फायदा उठाकर हमें क़ौमियत के अटूट रिश्ते में बंध जाना है। भाषा और साहित्य का भेद ही खास तौर से हमें भिन्न-भिन्न प्रांतीय जत्थों में बाँटे हुए है। अगर हम इस अलग करने वाली बाधा को तोड़ दें तो राष्ट्रीय संस्कृति की एक धारा बहने लगेगी, जो कौमियत की सबसे मजबूत भावना है। यही मकसद सामने रखकर हमनें 'हंस' नाम की एक मासिक पत्रिका निकालनी शुरू की है, जिसमें हरेक भाषा के नए और पुराने साहित्य की अच्छी से अच्छी चीजें देने की कोशिश करते हैं। इसी मक़सद को पूरा करने के लिए हमनें एक भारतीय साहित्य परिषद् या हिंदुस्तान की कौमी अदबी सभा की बुनियाद डालने की तजबीज की है, और परिषद्

का पहला जलसा 23, 24* को नागपुर में महात्मा गांधी की सदारत में क़रार पाया है, हम कोशि कर रहे हैं कि परिषद् में सभी सूबे के साहित्यकार आयें और आपस में खयालात का तबादला कर इस तजबीज को ऐसी सूरत दे जिससे वह अपना मक़सद पूरा कर सके। बाज सूबों में अभी से प्रांतीय के जज़बात पैदा होने लगे हैं। 'सूबा सूबेवालों के लिए' की सदाएँ उठने लगी हैं। हिन्दुस्तान हिन्दुस्तानि के लिए' की सदा इस प्रांतीयता की चीख-पुकार में कही सूख न जाये, इसका अंदेशा अभी से हो लगा है। अगर बंगाल बंगाल के लिए, पंजाब पंजाब के लिए, की हवा ने जोर पकड़ा तो वह क़ौमिय की जन्नत जो गुलामी के पसीने और जिल्लत से बनी थी, मादूम हो जायेगी और हिन्दुस्तान फिर छोटे-छो राजों का समूह होकर रह जायेगा और फिर क़यामत के पहले उसे पराधीनता की कैद से नजात होगी। हमें अफसोस तो यह है कि इस क़िस्म की सदाएँ उन दिशाओं से आ रही हैं, जहाँ से हमें एकत की, दिल बढ़ाने वाली सदाएँ की उम्मीद थी। डेढ़ सौ साल की गुलामी ने कुछ-कुछ हमारी आँखें खोलनी शुरू की थीं कि फिर वहीं प्रांतीयता की आवाजें पैदा होने लगीं और इस नयी व्यवस्था ने उन भेद-भावे के फलने-फूलने के लिए जमीन तैयार कर दी है। अगर 'प्राविशल अटानोमी' ने यह सूरत अख्तियार की तो वह हिन्दुस्तानी क़ौमियत को जवान मौत नहीं, बालमृत्यु होगी और वह तफ़रीक़ जाकर रूकेगी कहाँ ? उसकी तो कोई इति ही नहीं। सूबा सूबे के लिए जिला जिले के लिए, हिंदू, हिंदू के लिए, मुसलिम मुसलिम के लिए, ब्राह्मण ब्राह्मण के लिए, वैश्य वैश्य के लिए, कपूर कपूर के लिए, सक्सेना सक्सेना के लिए, इतनी दीवारों और कोठरियों के अन्दर क़ौमियत के दिन सांस ले सकेगी !

हम देखते है कि ऐतिहासिक परम्परा, प्रांतीयता की ओर है। आज जो अलग-अलग सूबे हैं, किसी ज़माने में अलग-अलग राज थे, कुदरती हदें भी उन्हें दूसरे से अलग किए हुए हैं, और उनकी भाषा, साहित्य, संस्कृति सब एक हैं। लेकिन एकता के सारे साधन रहते हुए भी वह अपनी स्वाधीनता को कायम न रख सके, इसका सबब यही तो है कि उन्होंने अपने को अपने क़िले में बंद कर लिया और बाहर की दुनिया से कोई सम्बन्ध न रखा। अगर उसी अलहदगी की रीति से वह फिर काम लेंगे तो फिर शायद तारीख अपने को दोहराए। हमें तारीख से यहीं सबक़ न लेना चाहिए कि हम क्या थे यह भी देखना चाहिए कि हम क्या हो सकते थे। अक्सर हमें तारीख को भूल जाना पड़ता है। भूत हमारे भविष्य का रहबर नहीं हो सकता। जिन कुपथ्यों से हम बीमार हुए थे, क्या अच्छे हो जाने पर फिर वहीं कुपथ्य करेंगे ? और चूंकि इस अलहदगी को बुनियाद भाषा है, इसलिए हमें भाषा ही के द्वार से प्रांतीयता की काया में राष्ट्रीयता के प्राण डालने पड़ेंगे। प्रांतीयता सदुपयोग यह है कि हमें

***23, 24 अप्रैल 1936।**

द्वार से प्रांतीयता की काया में राष्ट्रीयता के प्राण डालने पड़ेंगे। प्रांतीयता का सदुपयोग यह है कि हम उस किसान की तरह, जिसे मौयसी पट्टा मिल गया हो, अपनी ज़मीन को खूब जोतें, उसमें खूब खाद डालें और अच्छी से अच्छी फसल पैदा करें। मगर उसका यह आशय हर्गिज न होना चाहिए कि हम बाहर से अच्छे बीज अच्छे खाद लाकर उसमें न डाले। प्रांतीयता यदि अयोग्यता को कायम रखने का बहाना बन जाये, तो यह उस प्रांत का दुर्भाग्य होगा और राष्ट्र का भी। इस नए खतरे का सामना करना होगा और वह मेल पैदा करने वाली शक्तियों को संगठित करने ही से हो सकता है।

सज्जनों, साहित्यिक जागृति किसी समाज की सजीवता का लक्षण है। साहित्य की सबसे अच्छी तारीफ जो की गई है, वह यह है कि वह अच्छे से अच्छे दिल और दिमाग के अच्छे से अच्छे भावों और विचारों का संग्रह है। आपने अंग्रेजी साहित्य पढ़ा है। उन साहित्यिक चरित्रों के साथ आपने उससे कहीं ज्यादा अपनापा महसूस किया है, जितना आप किसी यहाँ के साहब बहादुर से कर सकते हैं। आप उसकी इंसानी सूरत देखते हैं, जिसमें वहीं वेदनाएं हैं, वही प्रेम है, वही कमजोरियां हैं, जो हममें और आप में हैं। वहाँ वह हुकुमत और गुरूर का पुतला नहीं, बल्कि हमारे और आपका-सा इन्सान है, जिसके साथ हम दुखी होते हैं, हँसते हैं, सहानुभूति करते हैं। साहित्य बदगुमानियों को मिटानेवाली चीज़ है। अगर आज हम हिन्दू और मुसलमान एक दूसरे के साहित्य से ज्यादा परिचित हों, मुमकिन है, हम अपने को एक दूसरे से कहीं ज्यादा निकट पाएं। साहित्य में हम हिन्दू नहीं हैं, मुसलमान नहीं हैं, ईसाई नहीं हैं, बल्कि मनुष्य हैं, और वह मनुष्यता हमें और आपको आकर्षित करती है।

क्या यह खेद की बात नहीं हैं कि हम दोनों, जो एक मुल्क में आठ सौ साल से रहते हैं, एक दूसरे के पड़ोस में रहते हैं, एक दूसरे के साहित्य से इतने बेखबर हैं ? यूरोपियन विद्वानों को देखिए। उन्होंने हिन्दुस्तान के मुतअल्लिक हरेक मुमकिन विषय पर तहक़ीकातें की हैं, पुस्तकें लिखी हैं, वह हमें उससे ज्यादा जानते हैं, जितना हम अपने को जानते हैं। उसके विपरीत हम एक-दूसरे से अनभिज्ञ रहने ही में मग्न हैं। साहित्य में जो सबसे बड़ी खूबी है, वह यह कि वह हमारी मानवता को दृढ़ बनाता है, हममें सहानुभूति और उदारता के भाव पैदा करता है। जिस हिन्दू ने कर्बला की मारके की तारीख पढ़ी है, यह असम्भव है कि उसे मुसलमानों से सहानुभूति न हो। उसी तरह जिस मुसलमान ने रामायण पढ़ी है, उसके दिल में हिन्दू मात्र से हमदर्दी पैदा हो जाना यकीनी है। कम से कम उत्तरी हिन्दुस्तान में हरेक शिक्षित हिन्दू-मुसलिम को अपनी तालीम अधूरी समझनी चाहिए, अगर वह मुसलमान है तो हिन्दुओं के और हिन्दू है तो मुसलमानों के साहित्य से अपरिचित है। हम दोनों ही के लिए दोनों लिपियों का और दोनों भाषाओं का ज्ञान लाजमी है, और जब हम जिन्दगी के पंद्रह साल

अंग्रेजी हासिल करने में कुर्बान करते हैं, तो क्या महीने-दो-महीने भी उस लिपि और साहित्य का ज्ञान प्राप्त करने में नहीं लगा सकते, जिस पर हमारी कौमी तरक्की ही नहीं, कौमी जिन्दगी का दारमदार है ?*

---

*आर्य समाज के अन्तर्गत आर्य भाषा सम्मेलन के वार्षिक अवसर पर लाहौर में दिया गया भाषण।

जीवन में साहित्य का स्थान

साहित्य का आधार जीवन है। इसी नींव पर साहित्य की दीवार खड़ी होती है। उसकी अटारियाँ, मीनार और गुम्बद बनते है; लेकिन बुनियाद मिट्टी के नीचे दबी पड़ी है। उसे देखने को भी जी नहीं चाहेगा। जीवन परमात्मा की सृष्टि है, इसलिए अनंत है, अगम्य है। साहित्य मनुष्य की सृष्टि है, इसलिए सुबोध है, सुगम और मर्यादाओं से परिमित है। जीवन परमात्मा को अपने कामों का जवाबदेह है या नहीं, हमें मालूम नहीं; लेकिन साहित्य तो मनुष्य के सामने जवाबदेह है। इसके लिए कानून हैं, जिनसे वह इधर-उधर नहीं हो सकता। जीवन का उद्देश्य ही आनंद है। मनुष्य जीवनपर्यंत आनंद की खोज में लगा रहता है। किसी को वह रत्न द्रव्य में मिलता है, किसी को भरे-पूरे परिवार में, किसी को लम्बे-चौड़े भवन में, किसी को ऐश्वर्य में; लेकिन साहित्य का आनंद इस आनंद से ऊँचा है, इससे पवित्र है, उसका आधार सुंदर और सत्य है। वास्तव में सच्चा आनंद सुंदर और सत्य से मिलता है, उसी आनंद को दर्शाना, वही आनंद उत्पन्न करना साहित्य का उद्देश्य है। ऐश्वर्य या भोग के आनंद में ग्लानि छिपी होती है। उससे अरुचि भी हो सकती है, पश्चात्ताप भी हो सकता है; पर सुंदर से जो आनंद प्राप्त होता है, वह अखंड है, अमर है।

साहित्य के नौ रस कहे गए हैं। प्रश्न होगा, वीभत्स में भी कोई आनंद है ? अगर ऐसा न होता, तो वह रसों में गिना ही क्यों जाता ? हाँ, है। वीभत्स में सुंदर और सत्य मौजूद है। भारतेन्दु ने श्मशान का जो वर्णन किया है, वह कितना वीभत्स है ! प्रेतों और पिशाचों का अधजले बांस के लोथड़ें नोचना, हड्डियों को चटर-चटर चबाना, वीभत्स की पराकाष्ठा है; लेकिन वह वीभत्स होते हुए भी सुंदर है; क्योंकि उसकी सृष्टि पीछे आनेवाले स्वर्गीय दृश्य के आनंद को तीव्र करने के लिए ही हुई है। साहित्य तो हरएक रस में सुंदर खोजता है — राजा के महल, में रंक की झोपड़ी के शिखर पर, गंदे नालों के अंदर, ऊषा की लाली में, सावन-भादों की अंधेरी रात में। और यह आश्चर्य की बात है कि रंक

की झोपड़ी में जितनी आसानी से सुंदर मूर्तिमान दिखाई देता है, महलों में नहीं। महलों में तो वह खोजने से मुश्किलों से मिलता है।

जहाँ मनुष्य अपने मौलिक, यथार्थ, अकृत्रिम रूप में है, वहीं आनंद है। आनंद कृत्रिमता और आडम्बर से कोसों भागता है। सत्य का कृत्रिम से क्या सम्बन्ध ? अतएव हमारा विचार है कि साहित्य में केवल एक रस है और वह शृंगार है। कोई रस साहित्य दृष्टि से रस नहीं रहता और न उस रचना की गणना साहित्य में की जा सकती है, जो शृंगारविहीन और अ-सुंदर हो, जो रचना केवल वासना-प्रधान हो, जिसका उद्देश्य कुत्सित भावों को जगाना हो, जो केवल बाह्य जगत् से सम्बन्ध रखे, वह साहित्य नहीं है। जासूसी उपन्यास अद्भुत होता है। लेकिन हम उसे साहित्य उसी वक्त कहेंगे, जब उसमें सुंदर का समावेश हो। खूनी का पता लगाने के लिए सतत उद्योग, नाना प्रकार के कष्टों का झेलना, न्याय-मर्यादा की रक्षा करना, ये भाव हैं, जो इस अद्भुत रस को रचना को सुंदर बना देते हैं।

सत्य से आत्मा का सम्बन्ध तीन प्रकार का है। एक जिज्ञासा का सम्बन्ध है, दूसरा प्रयोजन का सम्बन्ध है और तीसरा आनंद का। जिज्ञासा का सम्बन्ध दर्शन का विषय है, प्रयोजन का सम्बन्ध विज्ञान का विषय है और साहित्य का विषय केवल आनंद का सम्बन्ध है। सत्य जहाँ आनंद का स्रोत बन जाता है, वहीं वह साहित्य हो जाता है। जिज्ञासा का सम्बन्ध विचार से है, प्रयोजन का सम्बन्ध स्वार्थ-बुद्धि से। आनंद का सम्बन्ध मनोभावों से है। साहित्य का विकास मनोभावों द्वारा ही होता है। एक ही दृश्य या घटना या कांड को हम तीनों ही भिन्न-भिन्न नज़रों से देख सकते हैं। हिम से ढँके हुए पर्वत पर ऊषा का दृश्य दार्शनिक के गहरे विचार की वस्तु है, वैज्ञानिक के लिए अनुसंधान की और साहित्यिक के लिए विह्वलता की! विह्वलता एक प्रकार का आत्म-समर्पण है। यहाँ हम पृथकता का अनुभव नहीं करते। यहाँ ऊँच-नीच, भले-बुरे का भेद नहीं रह जाता। श्रीरामचन्द्र शबरी के जूठे बेर क्यों प्रेम से खाते हैं, कृष्ण भगवान् विदुर के शाक को क्यों नाना व्यंजनों से रूचिकर समझते हैं; इसलिए कि उन्होंने इस पार्थक्य को मिटा दिया है। उनकी आत्मा विशाल है। उसमें समस्त जगत् के लिए स्थान है। आत्मा आत्मा से मिल गई है। जिसकी आत्मा जितनी ही विशाल है, वह उतना ही महापुरुष है। यहाँ तक कि ऐसे महान् पुरुष भी हो गए हैं, जो जड़ जगत् से भी अपनी आत्मा का मेल कर सकते है।

आइए देखें, जीवन क्या है ? जीवन केवल जीना, खाना, सोना और मर जाना नहीं है। यह तो पशुओं का जीवन है। मानव-जीवन में भी यह सब प्रवृत्तियाँ होती हैं, क्योंकि वह भी तो पशु है। पर इनके उपरांत कुछ और भी होता है। उसमें कुछ ऐसी मनोवृत्तियाँ होती है, जो प्रकृति के साथ हमारे

मेल में बाधक होती हैं, कुछ ऐसी होती हैं, जो इस मेल में सहायक बन जाती हैं। जिन प्रवृत्तियों में प्रकृति के साथ, हमारा सामंजस्य बढ़ता है, वह वांछनीय होती है; जिनसे सामंजस्य में बाधा उत्पन्न होती है, वे दूषित हैं। अहंकार, क्रोध या द्वेष हमारे मन की बाधक प्रवृत्तियाँ हैं। यदि हम इनको बेरोकटोक चलने दें, तो निस्संदेह वह हमें नाश और पतन की ओर ले जायेंगी। इसलिए हमें उनकी लगाम रोकनी पड़ती है, उन पर संयम रखना पड़ता है, जिसमें वे अपनी सीमा से बाहर न जा सकें। हम उन पर जितना कठोर संयम रख सकते हैं, उतना ही, मंगलमय हमारा जीवन हो जाता है।

किंतु नटखट लड़कों से डाँटकर कहना — तुम बड़े बदमाश हो, हम तुम्हारे कान पकड़कर उखाड़ लेंगे — अक्सर व्यर्थ ही होता है; बल्कि उस प्रवृत्ति को और हठ की ओर ले जाकर पुष्ट कर देता है। जरूरत यह होती है कि बालक में जो सद्वृत्तियाँ हैं, उन्हें उत्तेजित किया जाये कि दूषित वृत्तियाँ स्वाभाविक रूप से शांत हो जायें। इसी प्रकार मनुष्य को भी आत्मविश्वास के लिए संयम की आवश्यकता होती है। साहित्य ही मनोविकारों के रहस्य खोलकर सद्वृत्तियों को जगाता है। सत्य को रसों द्वारा जितनी आसानी से प्राप्त कर सकते हैं, ज्ञान और विवेक द्वारा नहीं कर सकते, उसी भाँति जैसे दुलार-चुमकारकर बच्चों को जितनी सफलता से वश में किया जा सकता है, डाँट-फटकार से सम्भव नहीं। कौन नहीं जानता कि प्रेम से कठोर से कठोर प्रकृति को नरम किया जा सकता है। साहित्य मस्तिष्क की वस्तु नहीं, हृदय की वस्तु है। जहाँ ज्ञान और उपदेश असफल होता है, वहाँ साहित्य बाजी ले जाता है। यही कारण है कि हम उपनिषदों और अन्य धर्म-ग्रन्थों को साहित्य की सहायता लेते देखते है ! हमारे धर्माचार्यों ने देखा कि मनुष्य पर सबसे अधिक प्रभाव मानव-जीवन के दुख-सुख के वर्णन से ही हो सकता है और उन्होंने मानव-जीवन की वे कथाएँ रचीं, जो आज भी हमारे आनंद की वस्तु हैं। बौद्धों की जातक-कथाएं, तोरेह, कुरान, इंजील ये सभी मानवी कथाओं के संग्रह-मात्र हैं। उन्हीं कथाओं पर हमारे बड़े-बड़े धर्म स्थिर है। वही कथाएँ धर्मों की आत्मा है। उन कथाओं को निकाल दीजिए, तो उस धर्म का अस्तित्व मिट जायेगा। क्या उन धर्म-प्रवर्त्तकों ने अकारण ही मानवी-जीवन की कथाओं का आश्रय लिया ? नहीं, उन्होंने देखा कि हृदय द्वारा ही जनता की आत्मा तक अपना संदेश पहुँचाया जा सकता है। वे स्वयं विशाल हृदय के मनुष्य थे। उन्होंने मानव-जीवन से अपनी आत्मा का मेल कर लिया था। समस्त मानव-जाति उनके जीवन का सामंजस्य था, फिर वे मानव-चरित्र की उपेक्षा कैसे करते ?

आदिकाल से मनुष्य के लिए सबसे समीप मनुष्य है। हम जिसके सुख-दुःख, हँसने-रोने का मर्म समझ सकते हैं, उसी से हमारी आत्मा का अधिक मेल होता है। विद्यार्थी को विद्यार्थी जीवन से, कृषक को कृषक जीवन से जितनी रुचि है, उतनी अन्य जातियों से नहीं, लेकिन साहित्य जगत् में प्रवेश पाते

ही यह भेद, यह पार्थक्य मिट जाता है। हमारी मानवता जैसे विशाल और विराट् होकर समस्त मानव जाति पर अधिकार पा जाती है। मानव जाति ही नहीं, चर और अचर, जड़ और चेतन सभी उसके अधिकार में आ जाते हैं। उसे मानो विश्व की आत्मा पर साम्राज्य प्राप्त हो जाता है। श्री रामचन्द्र राजा थे; पर आज रंक भी उनके दुःख से उतना ही प्रभावित होता है, जितना कोई राजा हो सकता है।

साहित्य वह जादू की लकड़ी है, जो पशुओं में, ईंट-पत्थरों में, पेड़-पौधों में भी विश्व की आत्मा का दर्शन करा देती है। मानव-हृदय का जगत्, इस प्रत्यक्ष जगत् जैसा नहीं है। हम मनुष्य होने के कारण मानव जगत् के प्राणियों में अपने को अधिक पाते हैं, उसके सुख-दुःख हर्ष और विषाद से ज्यादा विचलित होते है। हम अपने निकटतम बंधु-बांधवों से अपने को इतना निकट नहीं पाते, इसलिए कि हम उसके एक-एक विचार, एक-एक उद्गार को जानते हैं। उसका मन हमारी नज़रों के सामने आईने की तरह खुला हुआ है। जीवन में ऐसी प्राणी हमें कहाँ मिलते हैं, जिनके अन्तःकरण में हम इतनी स्वाधीनता से विचर सकें ? सच्चे साहित्यकार का यही लक्षण है कि उसके भावों में व्यापकता हो, उसने विश्व की आत्मा से ऐसी 'हारमनी' प्राप्त कर ली हो, उसके भाव प्रत्येक प्राणी को अपने ही भाव मालूम हों।

साहित्यकार बहुधा अपने देश-काल से प्रभावित होता है। जब कोई लहर देश में उठती है, तो साहित्यकार के लिए उससे अविचलित रहना असंभव हो जाता है। उसकी विशाल आत्मा अपने देश-बंधुओं के कष्टों से विकल हो उठती है और इस तीव्र विकलता में वह रो उठता है, पर उसके रुदन में भी व्यापकता होती है। वह स्वदेश का होकर भी सार्वभौमिक रहता है। 'टाम काका की कुटिया' गुलामी प्रथा से व्यथित हृदय की रचना है; पर आज उस प्रथा से उठ जाने पर भी उसमें वह व्यापकता है कि हम लोग उसे पढ़कर मग्ध हो जाते हैं। सच्चा साहित्य कभी पुराना नहीं होता। वह सदा नया बना रहता है। दर्शन और विज्ञान समय की गति के अनुसार बदलते हैं; पर साहित्य तो हृदय की वस्तु है और मानव-हृदय में तबदीलियां नहीं होती। हर्ष और विस्मय, क्रोध और द्वेष, आशा और भय, आज भी हमारे मन पर उसी तरह अधिकृत हैं, जैसे आदिकवि बाल्मीकि के समय में थे और कदाचित् अनंत तक रहेंगे। रामायण के समय का समय अब नहीं हैं, महाभारत का समय भी अतीत हो गया; पर ये ग्रंथ अभी तक नए हैं। साहित्य ही सच्चा इतिहास है, क्योंकि उसमें अपने देश और काल का जैसा चित्र होता है, वैसा कोरे इतिहास में नहीं हो सकता। घटनाओं का तालिका इतिहास नहीं हैं, और न राजाओं की लड़ाइयाँ ही इतिहास है। इतिहास जीवन के विभिन्न अंगों की प्रगति का नाम है, और जीवन पर साहित्य से अधिक प्रकाश और कौन वस्तु डाल सकती है, क्योंकि साहित्य अपने देशकाल का प्रतिबिम्ब होता है।

जीवन में साहित्य की उपयोगिता के विषय में कभी-कभी संदेह किया जाता है। कहा जाता है, जो स्वभाव से अच्छे है, वह अच्छे ही रहेंगे, चाहे कुछ भी पढ़े। जो स्वभाव से बुरे हैं, वह बुरे ही रहेंगे, चाहे कुछ भी पढ़े। इस कथन में सत्य की मात्रा बहुत कम है। इसे सत्य का मान लेना मानव-चरित्र को बदल देना होगा। जो सुंदर है, उसकी ओर मनुष्य का स्वाभाविक आकर्षण होता है। हम कितने ही पतित हो जायें; पर असुंदर की ओर हमारा आकर्षण नहीं हो सकता। हम कर्म चाहे कितने ही बुरे करें, पर यह असम्भव है कि करुणा और दया और प्रेम और भक्ति का हमारे दिलों पर असर न हो। नादिरशाह से ज्यादा निर्दयी मनुष्य और कौन हो सकता है — हमारा आशय दिल्ली में कतलाम कराने वाले नादिरशाह से है। अगर दिल्ली का कतलाम सत्य घटना है, तो नादिरशाह के निर्दय होने में कोई संदेह नहीं रहता। उस समय आपको मालूम है, किस बात से प्रभावित होकर उसने कतलाम बंद करने का हुक्म दिया था ? दिल्ली के बादशाह का वज़ीर एक रसिक मनुष्य था। जब उसने देखा कि नादिरशाह का क्रोध किसी तरह नहीं शांत होता और दिल्ली वालों के खून की नदी बहती चली जाती है, यहाँ तक कि खुद नादिरशाह के मुंह लगे अफसर भी उसके सामने आने का साहस नहीं करते, तो वह हथेलियों पर जान रखकर नादिरशाह के पास पहुँचा और यह शेर पढ़ा —

'कसे न माँद कि दीगर व तेग़े नाज़ कुशी।
मगर कि ज़िंदा कुनी खल्क रा व बाज़ कुशी।'

इसका अर्थ यह हुआ कि तेरे प्रेम की तलवार ने अब किसी को ज़िंदा न छोड़ा। अब तो तेरे लिए इसके सिवा और कोई उपाय नहीं है कि तू मुर्दों को फिर जिला दे और फिर उन्हें मारना शुरू करे। यह फ़ारसी के एक प्रसिद्ध कवि का शृंगार-विषयक शेर है; पर इसे सुनकर कातिल के दिल में मनुष्य जाग उठा। इस शेर ने उसके हृदय के कोमल भाग को स्पर्श कर दिया और कतलाम तुरंत बंद कर दिया गया।

नेपोलियन के जीवन की वह घटना भी प्रसिद्ध है, जब उसने एक अंग्रेज मल्लाह को भाऊँ की नीव पर कैले का समुद्र पार करते देखा। जब फ्रांसीसी अपराधी मल्लाह को पकड़कर नेपोलियन के सामने लाये और उसने पूछा — तू इस भंगुर नौका पर क्यों, समुद्र पार कर रहा था, तो अपराधी ने कहा — इसलिए कि मेरी वृद्धा माता घर पर अकेली है, मैं उसे एक बार देखना चाहता था। नेपोलियन की आँखों में आँसू छलछला आये। मनुष्य का कोमल भाग स्पंदित हो उठा। उसने उस सैनिक फ्रांसीसी नौका पर इंग्लैंड भेज दिया।

मनुष्य स्वभाव से देवतुल्य है। जमाने के छल-प्रपंच या और परिस्थितियों के वशीभूत होकर वह अपना देवत्व खो बैठता है। साहित्य इसी देवत्व को अपने स्थान पर प्रतिष्ठित करने की चेष्टा करता है — उपदेशों से नहीं, नसीहतों से नहीं, भावों को स्पंदित करके, मन के कोमल तारों पर चोट लगाकर प्रकृति से सामंजस्य उत्पन्न करके। हमारी सभ्यता साहित्य पर ही आधारित है। हम जो कुछ हैं, साहित्य के ही बनाए हैं। विश्व की आत्मा के अंतर्गत भी राष्ट्र या देश की एक आत्मा होती है। इसी आत्मा की प्रतिध्वनि है — साहित्य।

यूरोप का साहित्य उठा लीजिए। आप वहां संघर्ष पाएंगे। कहीं खूनी कांडों का प्रदर्शन है, कहीं जासूसी कमाल का। जैसे सारी संस्कृति उन्मत्त होकर मरु में जल खोज रही है। उस साहित्य का परिणाम यही है कि वैयक्तिक स्वार्थपराणता दिन-दिन बढ़ती जाती है, अर्थ-लोलुपता की कहीं सीमा नहीं, नित्य दंगे, नित्य लड़ाइयाँ। प्रत्येक वस्तु स्वार्थ के काँटे पर तौली जाती रही है। यहाँ तक कि अब किसी यूरोपियन महात्मा का उपदेश सुनकर भी संदेह होता है कि इसके परदे में स्वार्थ न हो।

साहित्य सामाजिक आदर्शों का स्रष्टा है। जब आदर्श हो भ्रष्ट हो गया, तो समाज के पतन में बहुत दिन नहीं लगते। नई सभ्यता का जीवन 150 साल से अधिक नहीं; पर अभी से संसार उससे तंग आ गया है; पर इसके बदले में उसे कोई ऐसी वस्तु नहीं मिल रही है, जिसे वहाँ स्थापित कर सके। उसकी दशा उस मनुष्य की-सी है, जो यह तो समझ रहा है कि वह जिस रास्ते पर जा रहा है, वह ठीक रास्ता नहीं है; पर वह इतनी दूर जा चुका है कि अब लौटने की उसमें सामर्थ्य नहीं है। वह आगे ही जायेगा — चाहे उधर कोई समुद्र ही क्यों न लहरें मार रहा हो। उसमें नैराश्य का हिंसक बल है, आशा की उदार शक्ति नहीं।

भारतीय साहित्य का आदर्श उसका त्याग और उत्सर्ग है। यूरोप का कोई व्यक्ति लखपती होकर, जायदाद खरीदकर, कम्पनियों में हिस्से लेकर और ऊंची सोसाइटी में मिलकर अपने को कृतकार्य समझता है। भारत अपने को उस समय कृतकार्य समझता है जब वह इस माया-बंधन से मुक्त हो जाता है, जब उसमें भोग और अधिकार का मोह नहीं रहता। किसी राष्ट्र की सबसे मूल्यवान सम्पत्ति उसके साहित्यिक आदर्श होते हैं। व्यास और वाल्मीकि ने जिन आदर्शों की सृष्टि की, वह आज भी भारत का सिर ऊँचा किए हुए हैं। राम अगर वाल्मीकि के साँचे में न ढलते, तो राम न रहते। सीता भी उसी साँचे में ढलकर सीता हुई। यह सत्य है कि हम सब ऐसे चरित्रों का निर्माण नहीं कर सकते; पर धन्वंतरि के एक होने पर भी संसार में वैद्यों की आवश्यकता है और रहेगी।

ऐसा महान् दायित्व जिस पर है, उसके निर्माताओं का पद कुछ कम जिम्मेदारी का नहीं है। कलम हाथ में लेते ही हमारे सिर पर बड़ी भारी जिम्मेदारी आ जाती है। साधारणतः युवावस्था में हमारी

निगाह पहले विध्वंस करने की ओर उठ जाती है। हम सुधार करने की धुन में अंधाधुंध शर चलाना शुरू करते हैं। खुदाई फौज़दार बन जाते हैं। तुरन्त आंखें काले धब्बों की ओर पहुंच जाती हैं। यथार्थवाद के प्रवाह में बहने लगते हैं। बुराइयों के नग्न चित्र खींचने में कला की कृतकार्यता समझते हैं, यह सत्य है कि कोई मकान गिराकर ही उसकी जगह नया मकान बनाया जाता है। पुराने ढकोसलों और बंधनों को तोड़ने की जरूरत है; पर इसे साहित्य नहीं कह सकते। साहित्य तो वही है, जो साहित्य की मर्यादाओं का पालन करे।

हम अक्सर साहित्य का मर्म समझे बिना ही लिखना शुरू कर देते हैं। शायद हम समझते हैं कि मज़ेदार, चटपटी और ओजपूर्ण भाषा में लिखना ही साहित्य है। भाषा भी साहित्य का अंग है, पर स्थायी साहित्य विध्वंस नहीं करता, निर्माण करता है। वह मानव-चरित्र की कालिमाएँ नहीं दिखाता, उसकी उज्ज्वलताएं दिखाता है। मकान गिराने-वाला इंजीनियर नहीं कहलाता। इंजीनियर तो निर्माण ही करता हैं। हममें जो युवक साहित्य को अपने जीवन का ध्येय बनाना चाहते हैं, उन्हें बहुत आत्मसंयम की आवश्यकता है; क्योंकि वह अपने को एक महान् पद के लिए तैयार कर रहे हैं, जो अदालतों में बहस करने या कुर्सी पर बैठकर मुकद्दमें का फैसला करने से कहीं ऊँचा है। उसके लिए केवल डिग्रियाँ और ऊँची शिक्षा काफ़ी नहीं। चित्त की साधना, संयम, सौंदर्य-तत्त्व का ज्ञान, इसकी कहीं ज्यादा ज़रूरत हैं।

साहित्यकार को आदर्शवादी होना चाहिए। भावों का परिमार्जन भी उतना ही वांछनीय है जब तक हमारे साहित्य-सेवी इस आदर्श तक न पहुँचेगे, तब तक हमारे साहित्य से मंगल की आशा नहीं की जा सकती। अमर साहित्य के निर्माता विलास प्रवृत्ति के मनुष्य नहीं थे। वाल्मीकि और व्यास दोनों तपस्वी थे। सूर और तुलसी भी विलासिता के उपासक न थे। कबीर भी तपस्वी ही थे।

हमारा साहित्य अगर आज उन्नति नहीं करता, तो इसका कारण यही है कि हमने साहित्य-रचना के लिए कोई तैयारी नहीं की। दो-चार नुस्खे याद करके हकीम बन बैठे। साहित्य का उत्थान राष्ट्र का उत्थान है और हमारी ईश्वर से यही याचना है कि हममें सच्चे साहित्य-सेवी उत्पन्न हों, बच्चे तपस्वी, सच्चे आत्मज्ञानी।

उर्दू, हिन्दी और हिन्दुस्तानी

यह बात सभी लोग मानते हैं कि राष्ट्र को दृढ़ और बलवान बनाने के लिए देश में सांस्कृतिक एकता का होना बहुत आवश्यक है। और किसी राष्ट्र की भाषा तथा लिपि इस सांस्कृतिक एकता का एक विशेष अंग है। श्रीमती खलीदा अदीब ख़ानम ने अपने एक भाषण में कहा था कि तुर्की जाति और राष्ट्र की एकता तुर्की भाषा के कारण ही हुई है। और यह निश्चित बात है कि राष्ट्रीय भाषा के बिना किसी राष्ट्र के अस्तित्व की कल्पना ही नहीं हो सकती। जब तक भारतवर्ष की कोई राष्ट्रीय भाषा न हो, तब तक वह राष्ट्रीयता का दावा नहीं कर सकता।

सम्भव है कि प्राचीन काल में भारतवर्ष एक राष्ट्र रहा हो; परन्तु बौद्धों के पतन के उपरान्त उसकी राष्ट्रीयता का भी अन्त हो गया था। यद्यपि देश में सांस्कृतिक एकता वर्तमान थी, तो भी भाषाओं के भेद ने देश को खंड-खंड करने का काम और भी सुगम कर दिया था। मुसलमानों के शासन काल में भी जो कुछ हुआ था, उसमें भिन्न-भिन्न प्रांतों का राजनीतिक एकीकरण तो हो गया था, परन्तु उस समय भी देश में राष्ट्रीयता की भावना अपेक्षाकृत बहुत थोड़े दिनों से संसार में उत्पन्न हुई है और इसे उत्पन्न हुए लगभग दो सौ वर्षों से अधिक नहीं हुए। भारतवर्ष में राष्ट्रीयता का आरम्भ अंग्रेजी राज्य की स्थापना के साथ-साथ हुआ था। और उसी की दृढ़ता के साथ-साथ इसकी भी वृद्धि हो रही है। लेकिन इस समय राजनीतिक पराधीनता के अतिरिक्त देश के भिन्न-भिन्न अंगों और तत्त्वों में कोई ऐसा पारस्परिक सम्बन्ध नहीं है, जो उन्हें संघटित करके एक राष्ट्र का स्वरूप दे सके। यदि आज भारतवर्ष से अंग्रेजी राज्य उठ जाये, तो इन तत्त्वों में जो एकता इस समय दिखाई दे रही है, बहुत सम्भव है कि वह विभेद और विरोध का रूप धारण कर ले और भिन्न-भिन्न भाषाओं के आधार पर एक ऐसा नया संघटन उत्पन्न हो जाये, जिसका एक-दूसरे के साथ कोई सम्बन्ध ही न हों, और फिर वही खींचातानी शुरू हो जाये, जो अंग्रेजों के यहाँ आने से पहले थी। अतः राष्ट्र के जीवन के

लिए यह बात आवश्यक है कि देश में सांस्कृतिक एकता हो। और भाषा की एकता उस संस्कृति एकता का प्रधान स्तम्भ है। इसलिए यह एकता उस सांस्कृतिक एकता का प्रधान स्तम्भ है। इसलिए यह बात भी आवश्यक है कि एक ऐसी राष्ट्रीय भाषा हो, जो देश के एक सिरे से दूसरे सिरे तक बोली और समझी जाये। इसी बात का आवश्यक परिणाम यह होगा कि कुछ दिनों में राष्ट्रीय साहित्य की सृष्टि भी आरम्भ हो जायेगी, और एक ऐसा समय आएगा जबकि भिन्न-भिन्न जातियों, और राष्ट्रों के साहित्यिक मंडल में हिन्दुस्तानी भाषा भी बराबरी की हैसियत से शामिल होने के काबिल हो जायेगी।

परंतु प्रश्न तो यह है कि इन राष्ट्रीय भाषा का स्वरूप क्या हो ? आजकल भिन्न-भिन्न प्रांतों में जो भाषाएं प्रचलित है, उनमें तो राष्ट्रीय भाषा बनने की योग्यता नहीं, क्योंकि उनके कार्य और प्रचार का क्षेत्र परिमित है। केवल एक ही भाषा ऐसी है, जो देश के एक बहुत बड़े भाग में बोली जाती है और उससे भी कहीं बड़े भाग में समझी जाती है। और उसी को राष्ट्रीय भाषा का पद दिया जा सकता है। परंतु इस समय उस भाषा के तीन स्वरूप हैं — उर्दू, हिन्दी और हिन्दुस्तानी। और अभी तक यह बात राष्ट्रीय रूप से निश्चित नहीं की जा सकी है कि इनमें से कौन-सा स्वरूप ऐसा है, जो देश में सबसे अधिक मान्य हो सकता है और जिसका प्रचार भी ज्यादा आसानी से हो सकता है। तीनों ही स्वरूपों के पक्षपाती और समर्थक मौजूद हैं, और उनमें खींचातानी हो रही है। यहाँ तक कि इस मतभेद को राजनीतिक स्वरूप दे दिया गया है, और हम इस प्रश्न पर शांत चित्त और शांत मस्तिष्क से विचार करने के अयोग्य हो गए हैं। लेकिन इन सब रूकावटी के होते हुए भी उसकी सिध्दि करना असम्भव समझकर हिम्मत न हार बैठे, तो फिर हमारे लिए इस प्रश्न की किसी-न-किसी प्रकार की मीमांसा करना आवश्यक हो जाता है।

देश में ऐसे आदमियों की संख्या कम नहीं है, जो उर्दू और हिंदी की अलग-अलग और स्वतंत्र उन्नति और विकास के मार्ग में बाधक नहीं होना चाहते। उन्होंने यह मान लिया है कि आरम्भ में इन दोनों के स्वरूपों में चाहे जो कुछ एकता और समानता रही हो, लेकिन फिर भी इस समय दोनों जिस रास्ते पर जा रही हैं, उसे देखते हुए इन दोनों में मेल और एकता होना असम्भव ही है। प्रत्येक भाषा की एक प्राकृतिक प्रवृत्ति होती है। उर्दू का फारसी और अरबी के साथ स्वाभाविक सम्बन्ध है और हिंदी का संस्कृत तथा प्राकृत के साथ उसी प्रकार का सम्बन्ध है। उनकी यह प्रवृत्ति हम किसी शक्ति से रोक नहीं सकते। फिर इन दोनों को आपस में मिलाने का प्रयत्न करके हम क्यों व्यर्थ इन दोनों को हानि पहुँचावे ?

यदि उर्दू और हिंदी दोनों अपने-आपको अपने जन्म स्थान और प्रचार-क्षेत्र तक ही परिमित रखें, तो हमें इनकी प्राकृतिक वृध्दि और विकास के सम्बन्ध में कोई आपत्ति न हो। बंगला, मराठी, गुजराती,

तमिल, तेलगू और कन्नड़ आदि प्रांतीय भाषाओं के सम्बन्ध में हमें किसी प्रकार की चिंता नहीं है उन्हें अधिकार है कि वे अपने अंदर चाहे जितनी संस्कृत, अरबी या लैटिन आदि भरती चलें। उन भाषाओं के लेखक आदि स्वयं ही इस बात का निर्णय कर सकते हैं, परंतु उर्दू और हिंदी की बात इन सबसे अलग है। यहाँ तो दोनों ही भारतवर्ष की राष्ट्रीय भाषा कहलाने का दावा करती हैं। परंतु वे अपने व्यक्तिगत रूप में राष्ट्रीय आवश्यकताओं की पूर्ति नहीं कर सकीं और इसीलिए संयुक्त रूप में स्वयं ही उनका संयोग और मेल आरम्भ हो गया। और दोनों का वह सम्मिलित स्वरूप उत्पन्न हो गया, जिसे हम बहुत ठीक तौर पर हिंदुस्तानी जबान कहते हैं। वास्तविक बात तो यह है कि भारतवर्ष की राष्ट्रीय भाषा न तो वह उर्दू ही हो सकती है, जो अरबी और फारसी के अप्रचलित द्वारा अपरिचित शब्दों के भार से लदी रहती है, और न वह हिंदी ही हो सकती है, जो संस्कृत के कठिन शब्दों से लदी हुई होती है। यदि इन दोनों भाषाओं के पक्षपाती और समर्थक आमने-सामने खड़े होकर अपनी साहित्यिक भाषाओं में बात करें, तो शायद एक-दूसरे का कुछ भी मतलब न समझ सकें।

हमारी राष्ट्रीय भाषा तो यही हो सकती है, जिसका आधार सर्वसामान्य बोधगभ्यता हो — जिसे सब लोग सहज में समझ सकें। वह इस बात की क्यों परवाह करने लगी कि अमुक शब्द इसलिए छोड़ दिया जाना चाहिए कि वह फ़ारसी, अरबी अथवा संस्कृत का है ? वह तो केवल यह मानदंड अपने सामने रखती है कि जन-साधारण यह शब्द समझ सकते हैं या नहीं ? और जन-साधारण में हिंदू, मुसलमान, पंजाबी, बंगाली, महाराष्ट्रीय और गुजराती सभी सम्मिलित हैं। यदि कोई शब्द या मुहावरा या परिभाषिक शब्द जन-साधारण में प्रचलित है, तो फिर वह इस बात की परवाह नहीं करती कि वह कहाँ से निकला है और कहाँ से आया है। और वही हिन्दुस्तानी है। और जिस प्रकार अंग्रेजों की भाषा अंग्रेजी, जापान की जापानी, ईरान की ईरानी और चीन की चीनी है, उसी प्रकार हिंदुस्तान की राष्ट्रीय भाषा को इसी तौर पर हिंदुस्तानी कहना केवल उचित ही नहीं, बल्कि आवश्यक भी है और अगर इस देश को हिन्दुस्तान न कहकर केवल हिंद कहें, तो इसकी भाषा को हिंदी कह सकते है। लेकिन यहाँ की भाषा को उर्दू तो किसी प्रकार कहा ही नहीं जा सकता, जब तक हम हिंदुस्तान को उर्दूस्तान न कहने लगें, जो जब किसी प्रकार सम्भव ही नहीं है।

प्राचीन काल के लोग यहाँ की भाषा को हिंदी ही कहते थे और दूसरी और खालिकबारी की रचना में करके हिंदुस्तानी की नींव रखी थी। नींव रखी थी। इस ग्रंथ की रचना में कदाचित् उसका यही अभिप्राय होगा कि जनसाधारण की आवश्यकता के शब्द उन्हें दोनों ही रूपों में सिखलाए जायें, जिसमें उन्हें अपने रोजमर्रा के कामों में सहूलियत हो जाये। अभी तक इस बात का निर्णय नहीं हो सका है कि उर्दू की सृष्टि कब और कहाँ हुई थी। जो हो, परंतु भारतवर्ष की राष्ट्रीय भाषा न तो उर्दू ही है और न हिंदी;

बल्कि वह हिंदुस्तानी है, जो सारे हिन्दुस्तान में समझी जाती है और उसके बहुत बड़े भाग में बोली जाती है; लेकिन फिर भी लिखी कहीं नहीं जाती और यदि कोई लिखने का प्रयत्न करता है तो उर्दू और हिंदी के साहित्यज्ञ उसे टाट बाहर कर देते हैं। वास्तव में उर्दू और हिंदी की उन्नति में जो बात बाधक है, वह उनका वैशिष्ट्य प्रेमी है। हम चाहे उर्दू लिखें और चाहे हिंदी, जनसाधारण के लिए नहीं लिखते; बल्कि एक परिमित वर्ग के लिए लिखते हैं और यही कारण है कि हमारी साहित्यिक रचनाएं जनसाधारण को प्रिय नहीं होती।

यह बात बिल्कुल ठीक है कि किसी देश में भी लिखने और बोलने की भाषाएँ एक नहीं हुआ करतीं। जो अंग्रेजी हम किताबों और अखबारों में पढ़ते हैं, वह कहीं बोली नहीं जाती। पढ़े-लिखे लोग भी उस भाषा में बातचीत नहीं करते, जिस भाषा में ग्रंथ और समाचार-पत्र आदि लिखे जाते हैं। और जनसाधारण की भाषा तो बिल्कुल अलग ही होती है। इंग्लैंड के हर एक पढ़े लिखे आदमी से यह आशा अवश्य की जाती है कि वह लिखी जानेवाली भाषा समझे और अवसर पड़ने पर उसका प्रयोग भी कर सके। यह बात हम हिन्दुस्तान में भी चाहते हैं।

परन्तु आज क्या परिस्थिति है ? हमारे हिंदीवाले इस बात पर तुले हुए हैं कि हम हिंदी से भिन्न भाषाओं के शब्दों को हिंदी में किसी तरह घुसने ही न देंगे। उन्हें 'मनुष्य' से तो प्रेम है; परन्तु 'आदमी' से पूरी-पूरी घृणा है। यद्यपि 'दरख्वास्त' जनसाधारण में भली-भांति प्रचलित है; परन्तु फिर भी उनके यहां इसका प्रयोग वर्जित है। इसके स्थान पर वे 'प्रार्थना-पत्र' ही लिखना चाहते हैं, यद्यपि जनसाध ारण इसका मतलब बिल्कुल ही नहीं समझता। 'इस्तीफा' को वे किसी तरह मंजूर नहीं कर सकते और इसके स्थान पर वे 'त्यागपत्र' रखना चाहते हैं। 'हवाई जहाज' चाहे कितना ही सुबोध क्यों न हो, परन्तु उन्हें 'वायुयान' की सैर ही पसंद है। उर्दू वाले तो इस बात पर और भी अधिक लट्टू हैं। वे 'खुदा' को तो मानते है, परन्तु 'ईश्वर को नहीं मानते हैं, 'कुसुर' तो वे बहुत से कर सकते हैं, परन्तु 'अपराध' कभी कभी नहीं कर सकते। 'खिदमत' तो उन्हें बहुत पसन्द है, 'सेवा' उन्हें एक आंख भी नहीं भाती। इसी तरह हम लोगों ने उर्दू और हिन्दी के दो अलग-अलग कैम्प बना लिए हैं, और मजाल नहीं कि एक कैम्प का आदमी दूसरे कैम्प में पैर भी रख सके। इस दृष्टि से हिंदी के मुकाबले में उर्दू में नहीं अधिक कड़ाई है। हिंदुस्तानी इस चारदीवारी को तोड़कर दोनों में मेल-जोल पैदा कर देना चाहती है, जिसमें दोनों एक दूसरे के घर बिना किसी प्रकार के संकोच के आ-जा सकें, और वह भी सिर्फ मेहमान की हैसियत से नहीं, बल्कि घर के आदमी की तरह। 'गारसन डि टासी' के शब्दों में उर्दू और हिंदी के बीच में कोई ऐसी विभाजक रेखा नहीं खींची जा सकती, जहां एक को विशेष रूप से हिंदी और दूसरी को उर्दू कहा जा सके। अंग्रेजी भाषा के भी अनेक रंग हैं। कहीं लैटिन और यूनानी शब्दों

की अधिकता होती है, कहीं ऐंग्लो सैक्सन शब्दों की। परन्तु हैं दोनों ही अंग्रेजी। इसी प्रकार हिन्दी या उर्दू शब्दों के विभेद के कारण दो भिन्न-भिन्न भाषाएं नहीं हो सकतीं। जो लोग भारतीय राष्ट्रीयता का स्वप्न देखते हैं और जो इस सांस्कृतिक एकता को दृढ़ करना चाहते हैं, उनसे हमारा प्रार्थना है कि वे लोग हिंदुस्तानी का निमंत्रण ग्रहण कर, जो कोई नई भाषा नहीं है; बल्कि उर्दू और हिन्दी का राष्ट्रीय स्वरूप है।

संयुक्त प्रांत के अपर प्राइमरी स्कूलों में चौथे दरजे तक इसी मिश्रित भाषा अर्थात् हिंदुस्तानी की रीडर पढ़ाई जाती हैं। केवल उनकी लिपि अलग होती है। उनकी भाषा में कोई अन्तर नहीं होता। इसमें शिक्षा विभाग का उद्देश्य यह होगा कि इस प्रकार विद्यार्थियों में बचपन में ही हिन्दुस्तानी की नींव पड़ जायेगी और वे उर्दू तथा हिन्दी के विशेष प्रचलित शब्दों से भली भाँति परिचित हो जायेंगे और उन्हीं का प्रयोग करने लगेंगे। इसमें दूसरा लाभ यह भी है कि एक ही शिक्षक शिक्षा दे सकता है। इस समय भी यही व्यवस्था प्रचलित है। लेकिन हिंदी और उर्दू के पक्षपातियों की ओर से इसकी शिकायतें शुरू हो गई हैं कि इस मिश्रित भाषा की शिक्षा से विद्यार्थियों को कुछ भी साहित्यिक ज्ञान नहीं होने पाता और वे अपर प्राइमरी के बाद भी साधारण पुस्तकें तक नहीं समझते। इसी शिकायत को दूर करने के लिए इन रीडरों के अतिरिक्त अपर प्राइमरी दरजों के लिए एक साहित्यिक रीडर भी नियत हुई है। हमारे मासिक-पत्र, समाचार-पत्र और पुस्तकें आदि विशुद्ध हिन्दी में प्रकाशित होती हैं। इसलिए जब तक उर्दू पढ़ने वाले लड़कों के पास फ़ारसी और अरबी शब्दों का और हिंदी पढ़ने वाले लड़कों के पास संस्कृत शब्दों का यथेष्ट भंडार न हो, तब तक वे उर्दू या हिंदी की कोई पुस्तक नहीं समझ सकते। इस प्रकार बाल्यावस्था से ही हमारे यहाँ उर्दू और हिंदी का विभेद आरम्भ हो जाता है। क्या इस विभेद की मिटाने का कोई उपाय नहीं है ?

जो लोग इस विभेद के पक्षपाती है, उनके पास अपने-अपने दावे की दलीलें ओर तर्क भी मौजूद हैं। उदाहरण के लिए विशुद्ध हिन्दी के पक्षपाती कहते हैं कि संस्कृत की ओर झुकने से हिन्दी भाषा हिन्दुस्तान की दूसरी भाषा के पास पहुँच जाती है। अपने विचार प्रकट करने के लिए उसे बने-बनाए शब्द मिल जाते है, लिखावट में साहित्यिक रूप आ जाता है, आदि, आदि। इसी तरह उर्दू का झंडा लेकर चलने वाले कहते हैं कि फ़ारसी और अरबी, उर्दू के पास आ जाती है। अपने विचार प्रकट करने के लिए उसे अरबों का विद्या सम्बन्धी भंडार मिल जाता है, जिससे बढ़कर विद्या की भाषा और कोई नहीं है, और लेखन-शैली में गम्भीरता और शान आ जाती है, आदि-आदि। इसलिए क्यों न इन दोनों को अपने-अपने ढंग पर चलने दिया जाए और उन्हें आपस में मिलाकर क्यों दोनों के रास्तों में रुकावट पैदा की जाये ? यदि सभी लोग इन तर्कों से सहमत हो जायें, तो इसका अभिप्राय यही

होगा कि हिंदुस्तान में कभी राष्ट्रीय भाषा की सृष्टि न हो सकेगी। इसलिए हमें आवश्यक है कि जहाँ तक हो सके, हम इस प्रकार की धारणाओं को दूर करके ऐसी परिस्थिति उत्पन्न करें, जिससे हम दिन पर दिन राष्ट्रीय भाषा के और भी अधिक समीप पहुँचते जायें, और सम्भव है कि दस वर्षों में हमारा स्वप्न यथार्थता में परिणत हो जाये।

हिन्दुस्तान के हर एक सूबे में मुसलमानों की थोड़ी बहुत संख्या मौजूद ही है। संयुक्त प्रांत के सिवा और सूबों में मुसलमानों ने अपने-अपने सूबे की भाषा अपना ली है। बंगाल का मुसलमान बंगला बोलता और लिखता है, गुजरात का गुजराती, मैसूर का कन्नड़ी, मद्रास का तमिल और पंजाब का पंजाबी, आदि। यहाँ तक कि उसने अपने-अपने सूबे की लिपि भी ग्रहण कर ली है। उर्दू लिपि और भाषा से यद्यपि उसका धार्मिक और सांस्कृति अनुराग हो सकता है, लेकिन नित्यप्रति के जीवन में उसे उर्दू की बिल्कुल आवश्यकता नहीं पड़ती। यदि दूसरे सूत्रों के मुसलमान अपने-अपने सूबे की भाषा निस्संकोच भाव से सीख सकते हैं और उसे यहाँ तक अपनी भी बना सकते हैं कि हिन्दुओं और मुसलमानों की भाषा में नाम को भी कोई भेद नहीं रह जाता, तो फिर संयुक्त प्रान्त और पंजाब के मुसलमान क्यों हिंदी से इतनी घृणा करते है ? हमारे सूबे के देहातों में रहने वाली मुसलमान प्रायः देहातियों की भाषा ही बोलते है। जो बहुत से मुसलमान देहातों से आकर शहरों में आबाद हो गए हैं, वे भी अपने घरों में देहाती जुबान ही बोलते है।

बोलचाल की हिंदी समझने में न तो साधारण मुसलमानों को ही कोई कठिनता होती है और न बोलचाल की उर्दू समझने में साधारण हिन्दुओं को ही। बोलचाल की हिंदी और उर्दू प्रायः एक सी ही है। हिंदी के जो शब्द साधारण पुस्तकों और समाचार-पत्रों में व्यवहृत होते हैं और कभी-कभी पंडितों के भाषणों में भी आ जाते हैं, उनकी संख्या दो हजार से अधिक न होगी। इसी प्रकार फ़ारसी के साधारण शब्द भी इससे अधिक न होंगे। क्या उर्दू के वर्तमान कोश में दो हज़ार हिंदी शब्द और हिंदी के कोशों में दो हजार उर्दू शब्द भी नहीं बढ़ाए जा सकते ? और इस प्रकार हम एक मिश्रित कोश को सृष्टि नहीं कर सकते ? क्या हमारी स्मरणशक्ति पर यह भार असह्य होगा? हम अंग्रेजों के असंख्य शब्द याद कर सकते हैं, और वह भी केवल एक अस्थायी उद्देश्य की सिद्धि के लिए थोड़े से और शब्द भी याद नहीं कर सकते ? उर्दू और हिंदी भाषाओं में न तो अभी विस्तार ही है और न दृढ़ता। उनके शब्दों की संख्या परिमित है। प्रायः साधारण अभिप्राय प्रकट करने के लिए भी उपयुक्त शब्द नहीं मिलते। शब्दों की इस वृद्धि से यह शिकायत दूर हो सकती है।

भारतवर्ष की सभी भाषाएँ या तो प्रत्यक्ष रूप से और या अप्रत्यक्ष रूप से संस्कृत से निकली हैं। गुजराती, मराठी और बंगाल की तो लिपियाँ भी देवनागरी से मिलती-जुलती है। यद्यपि दक्षिणी भारत

की भाषाओं की लिपियां बिल्कुल भिन्न हैं, परन्तु फिर भी उनमें संस्कृत शब्दों की बहुत अधिकता है। अरबी और फ़ारसी के शब्द भी सभी प्रांतीय भाषाओं में कुछ न कुछ मिलते हैं। परन्तु उनमें संस्कृत शब्दों की उतनी अधिकता नहीं होती; जितनी हिंदी में होती है। इसलिए यह बात बिल्कुल ठीक है कि भारतवर्ष में ऐसी हिंदी बहुत सहज में स्वीकृत और प्रचलित हो सकती है, जिसमें संस्कृत के शब्द अधिक हों। दूसरे प्रांतों के मुसलमान भी ऐसी हिन्दी सहज में समझ सकते हैं, परंतु फ़ारसी और अरबी के शब्दों से लदी हुई उर्दू भाषा के लिए संयुक्त प्रांत और पंजाब के नगरों और क़स्बों तथा हैदराबाद के बड़े-बड़े शहरों के सिवा और कोई क्षेत्र नहीं। मुसलमान संख्या में अवश्य आठ करोड़ हैं, लेकिन उर्दू बोलनेवाले मुसलमान इसके एक चौथाई से अधिक न होंगे। ऐसी अवस्था में क्या उच्चकोटि की राष्ट्रीयता के विचार से इसकी आवश्यकता नहीं है कि उर्दू में कुछ आवश्यक सुधार और वृद्धि करके उसे हिंदी के साथ मिला लिया जाये ? और हिंदी में भी इसी प्रकार की वृद्धि करके उसे उर्दू से मिला दिया जाये ! और इस मिश्रित भाषा को इतना दृढ़ कर दिया जाये कि वह सारे भारतवर्ष में बोली-समझी जा सके ! और हमारे लेखक जो कुछ लिखें, वह एक विशेष क्षेत्र के लिए न हो, बल्कि सारे भारतवर्ष के लिए हो ! सिंधी भाषा इस प्रकार के मिश्रण का बहुत अच्छा उदाहरण है ! सिंधी भाषा की केवल लिपि अरबी है, परन्तु उसमें हिंदी के सभी तत्त्व सम्मिलित कर लिए गए हैं, और शब्दों की दृष्टि से भी उसमें संस्कृत, अरबी और फ़ारसी का कुछ ऐसा सम्मिश्रण हो गया है कि कहीं खटक नहीं मालूम होती। हिंदुस्तानी के लिए भी कुछ इसी प्रकार के सम्मिश्रण की आवश्यकता है।

जो लोग उर्दू और हिंदी को बिल्कुल अलग-अलग रखना चाहते है, उनका यह कहना एक बहुत बड़ी सीमा तक ठीक है कि मिश्रित भाषा में क़िस्से कहानियाँ और नाटक आदि तो लिखे जा सकते हैं, परन्तु विज्ञान और साहित्य के उच्च विषय उसमें नहीं लिखे जा सकते। वहाँ तो विवश होकर फ़ारसी और अरबी के शब्दों से भरी हुई उर्दू और संस्कृत के शब्दों से भरी हुई हिंदी का व्यवहार आवश्यक हो जायेगा। विज्ञान और विद्या सम्बन्धी विषय लिखने के लिए सबसे बड़ी आवश्यकता उपयुक्त पारिभाषिक शब्दों की होती है और पारिभाषिक शब्दों के लिए हमें विवश होकर अरबी और संस्कृत के असीम शब्द-भंडारों से सहायता लेनी पड़ेगी। इस समय प्रत्येक प्रांतीय भाषा अपने लिए अलग-अलग पारिभाषिक शब्द तैयार कर रही है। उर्दू में भी विज्ञान सम्बन्धी पारिभाषिक शब्द बनाए गए हैं और अभी यह क्रम चल रहा है। क्या यह बात कहीं अधिक उत्तम न होगी कि भिन्न-भिन्न प्रांतीय सभाएं और संस्थाएं आपस में मिलकर परामर्श करें और एक दूसरी की सहायता से यह कठिन कार्य पूरा करें ? इस समय सभी लोंगों को अलग-अलग बहुत कुछ परिश्रम, माथापच्ची और व्यय करना पड़ रहा है, और उसमें बहुत कुछ बचत हो सकती है।

हमारी समझ में तो यह आता है कि नए सिरे से पारिभाषिक शब्द बनाने की जगह कहीं अच्छा यह होगा कि अंग्रेजी के प्रचलित पारिभाषिक शब्दों में कुछ आवश्यक परिवर्तन करके उन्हीं को ग्रहण कर लिया जाये। पारिभाषिक शब्द केवल अंग्रेजी में ही प्रचलित नहीं हैं, बल्कि प्रायः सभी उन्नत भाषाओं में उनसे मिलते-जुलते पारिभाषिक शब्द पाए जाते हैं। कहते है कि जापानियों ने भी इसी मार्ग का अवलम्बन किया है और मिस्त्र में थोड़े बहुत सुधार और परिवर्तन के साथ उन्हीं को ग्रहण किया गया है। यदि हमारी भाषा में बटन, लालटेन और बाईसिकल सरीखे सैकड़ों विदेशी शब्द खप सकते हैं, तो फिर पारिभाषि्क शब्दों को लेने में कौन-सी बात बाधक हो सकती है ? यदि प्रत्येक प्रांत ने अपने अलग-अलग पारिभाषिक शब्द बना लिए तो फिर भारतवर्ष की कोई राष्ट्रीय विद्या और विज्ञान सम्बन्धी भाषा न बन सकेगी। बंगला, मराठी, गुजराती और कन्नड़ आदि भाषाएं संस्कृत की सहायता से यह कठिनता दूर कर सकती हैं। उर्दू भी अरबी और फ़ारसी की सहायता से अपनी पारिभाषिक आवश्यकताएं पूरी कर सकती है। परन्तु हमारे लिए ऐसे शब्द प्रचलित अंग्रेजी पारिभाषिक शब्दों से भी कहीं अधिक अपरिचित होंगे। 'आईने अकबरी' ने हिन्दू दर्शन, संगीत और गणित के लिए संस्कृत के प्रचलित पारिभाषिक शब्द ग्रहण करके एक अच्छा उदाहरण उपस्थित कर दिया है। इस्लामी दर्शन, धर्म-शास्त्र आदि में से हम प्रचलित अरबी पारिभाषिक शब्द ग्रहण कर सकते हैं। जो विद्याएं पाश्चात्य देशों से अपने-अपने पारिभाषिक शब्द लेकर आयी हैं, यदि उन्हें भी हम उन शब्दों के सहित ग्रहण कर लें, तो यह बात हमारी ऐतिहासिक परम्परा से भिन्न न होगी।

यह कहा जा सकता है कि मिश्रित हिंदुस्तानी उतनी सरस और कोमल न होगी। परन्तु सरसता और कोमलता का मानदंड सदा बदलता रहता है। कई साल पहले अचकन पर अंग्रेजी टोपी बेजोड़ और हास्यास्पद मालूम होती थी। लेकिन अब वह साधारणतः सभी जगह दिखाई देती है। स्त्रियों के लिए लम्बे-लम्बे सिर के बाल सौंदर्य का एक विशेष स्तम्भ हैं; परन्तु आजकल तराशे हुए बाल प्रायः पसंद किए जाते हैं। फिर किसी भाषा का मुख्य गुण उसकी सरसता ही नहीं है, बल्कि मुख्य गुण तो अभिप्राय प्रकट करने की शक्ति है। यदि हम सरसता और कोमलता की कुर्बानी करके भी अपनी राष्ट्रीय भाषा का क्षेत्र विस्तृत कर सकें, तो हमें इसमें संकोच नहीं होना चाहिए। जब कि हमारे राजनीतिक संसार में एक फेडरेशन या संघ की नींव डाली जा रही है, तब क्यों न हम साहित्यिक संसार में भी एक फेडरेशन या संघ की स्थापना करें, जिसमें हर एक प्रांतीय भाषा के प्रतिनिधि साल में एक बार, एक सप्ताह के लिए किसी केन्द्र में एकत्र होकर राष्ट्रीय भाषा के प्रश्न पर विचार-विनिमय करें और अनुभव के प्रकाश में सामने आने वाले समस्याओं की मीमांसा करें ? जब हमारे जीवन की प्रत्येक बात और प्रत्येक अंग में परिवर्तन हो रहे हैं, और प्रायः हमारी इच्छा के विरुद्ध भी परिवर्तन

हो रहे हैं, तो फिर भाषा के विषय में हम क्यों सौ वर्ष पहले के विचारों और दृष्टिकोण पर अ रहें ?

अब वह अवसर आ गया है कि अखिल भारतीय हिंदुस्तानी भाषा और साहित्य की एक सभ या संस्था स्थापित की जाय, जिसका काम ऐसी हिंदुस्तानी भाषा की सृष्टि करना हो, जो प्रत्येक प्रां में प्रचलित हो सके। यहाँ यह बताने की आवश्यकता नहीं कि इस सभा या संस्था के कर्त्तव्य औ उद्देश्य क्या होंगे। इसी सभा या संस्था का यह काम होगा कि वह अपना कार्यक्रम तैयार करे। हमार तो यही निवेदन है कि अब इस काम में ज्यादा देर करने की गुंजाइश नहीं है।

राष्ट्रभाषा हिंदी और उसकी समस्याएँ

प्यारे मित्रो,

आपने मुझे जो यह सम्मान दिया है, उसके लिए मैं आपको सौ जबानों से धन्यवाद देना चाहता हूँ; क्योंकि आपने मुझे वह चीज़ दी है, जिसके मैं बिलकुल अयोग्य हूँ। न मैंने हिंदी साहित्य पढ़ा है, न उसका इतिहास पढ़ा है, व उसके विकासक्रम के बारे में ही कुछ जानता हूँ। ऐसा आदमी इतना पाकर फूला न समाए, तो वह आदमी नहीं है। नेवता पाकर मैंने उसे तुरन्त स्वीकार किया। लोगों में 'मन भाये और मुंडिया हिलाये की जो आदत होती है, वह खतरा मैं न लेना चाहता था। यह मेरी ढिठाई है कि मैं यहाँ वह काम करने खड़ा हुआ हूँ, जिसकी मुझमें लियाकत नहीं है; लेकिन इस तरह की गंदुनुमाई का मैं अकेला मुजरिम नहीं हूँ। मेरे भाई घर-घर में, गली-गली में मिलेंगे। आपको तो अपने नेवते की लाज रखनी है। मैं जो कुछ अनाप-शनाप बकूँ, उसकी खूब तारीफ़ कीजिए, उसमें जो अर्थ न हो, वह पैदा कीजिए, उसमें अध्यात्म के और साहित्य के तत्त्व खोज निकालिए — जिन खोजा तिन पाइयाँ, गहरे पानी पैठ !

आपकी सभा ने पंद्रह-सोलह साल के मुख्तसर से समय में जो काम कर दिखलाया है, उस पर मैं आपको बधाई देता हूँ, खासकर इसलिए कि आपने अपनी ही कोशिशों से ग्रह नतीजा हासिल किया है। सरकारी इमदाद का मुँह नहीं ताका। यह आपके हौंसलों की बुलंदी की एक मिसाल है। अगर मैं यह कहूँ कि आप भारत के दिमाग हैं, तो वह मुकाबला न होगा। किसी अन्य प्रांत में इतना अच्छा संगठन हो सकता है और इतने अच्छे कार्यकर्त्ता मिल सकते हैं, इसमें मुझे संदेह है। जिन दिमागों ने अंग्रेजी राज्य की जड़ जमायी, जिन्होंने अंग्रेजी भाषा का सिक्का जमाया, जो अंग्रेजी आचार-विचार में भारत में अग्रगण्य थे और हैं, वे लोग राष्ट्रभाषा के उत्थान पर कमर बाँध लें तो क्या कुछ नहीं कर सकते ? और यह कितने बड़े सौभाग्य की बात है कि जिन दिमागों ने एक दिन विदेशी भाषा में निपुण

होना अपना ध्येय बनाया था, वे आज राष्ट्रभाषा का उद्धार करने पर कमर कसे नजर आते हैं, और जहाँ से मानसिक पराधीनता की लहर उठी थी, वहाँ से राष्ट्रीयता की तरंगे उठ रही हैं। जिन लोगों ने अंग्रेजी लिखने और बोलने में अंग्रेजों की भी मात कर दिया, यहाँ तक कि आज जहाँ कहीं देखिए, अंग्रेजी पत्रों के सम्पादक इसी प्रान्त के विद्वान् मिलेंगे, वे अगर चाहें तो हिंदी बोलने और लिखने में हिंदीवालों को भी मात कर सकते हैं, और गत वर्ष यात्री दल के नेताओं के भाषण सुनकर मुझे यह स्वीकार करना पड़ता है कि वह क्रिया शुरू हो गई है। 'हिंदी प्रचारक' में अधिकांश लेख आप लोगों ही के लिखे होते हैं और उनकी मँजी हुई भाषा और सफ़ाई और प्रवाह पर हममें से बहुतों को रश्क आता है, और यह तब है जब राष्ट्रभाषा-प्रेम अभी दिलों के ऊपरी भाग तक ही पहुँचा है, और आज भी यह प्रांत अंग्रेजी भाषा के प्रभुत्व से मुक्त होना नहीं चाहता। जब यह प्रेम दिलों में व्याप्त हो जायेगा, उस वक्त उसकी गति कितनी तेज होगी, इसका कौन अनुमान कर सकता है ? हमारी पराधीनता का सबसे अपमानजनक, सबसे व्यापक, सबसे कठोर अंग अंग्रेजी भाषा का प्रभुत्व है। कहीं भी वह इतने नंगे रूप में नहीं नजर आती। सभ्य जीवन के हर एक विभाग में अंग्रेजी भाषा ही मानो हमारी छाती पर मूंग दल रही है। अगर आज इस प्रभुत्व को हम तोड़ सके तो पराधीनता का आधा बोझ हमारी गर्दन से उतर जायेगा।

क़ैदी को बेड़ी से जितनी तकलीफ़ होती है, उतनी और किसी बात से नहीं होती। कैदख़ाना शायद उसके घर से ज्यादा हवादार, साफ-सुथरा होगा। भोजन भी वहाँ शायद घर के भोजन से अच्छा और स्वादिष्ट मिलता हो। बाल-बच्चों से वह कभी-कभी स्वेच्छा से बरसों अलग रहता है। उसके दंड की याद दिलानेवाली चीज यही बेड़ी हैं, जो उठते-बैठते, सोते-जागते, हँसते-बोलते, कभी उसका साथ नहीं छोड़ती, कभी उसे मिथ्या कल्पना भी करने नहीं देती कि वह आजाद है। पैरों से कहीं ज्यादा उसका असर मन की मिठाई भी नहीं खाने पाता। अंग्रेंजी भाषा हमारी पराधीनता की वही बेड़ी है, जिसने हमारे मन और बुद्धि को ऐसा जकड़ रखा है कि उनमें इच्छा भी नहीं रही। हमारा शिक्षित समाज इस बेड़ी को गले का हार समझने पर मजबूर है। यह उसकी रोटियों का सवाल है, और अगर रोटियों के साथ कुछ सम्मान, कुछ गौरव, कुछ अधिकार भी मिल जाये, तो क्या कहना !

प्रभुता की इच्छा तो प्राणिमात्र में होती है; अंग्रेजी भाषा ने इसका द्वार खोल दिया और हमारा शिक्षित समुदाय चिड़ियों के झुंड की तरह उस द्वार के अन्दर घुसकर जमीन प्र बिखरे हुए दाने चुगने लगा और अब कितना ही फड़फड़ाए, उसे गुलशन की हवा नसीब नहीं। मजा यह है कि इस झुंड की फड़फड़ाहट बाहर निकलने के लिए नहीं, केवल जरा मनोरंजन के लिए है। उसके पर निर्जीव हो गए, और उनमें उड़ने की शक्ति नहीं रही, वह भरोसा भी नहीं रहा कि यह दाने बाहर मिलेंगे भी या नहीं।

अब तो वही कफस है, वही कुल्हिया है और वही सैयाद।

लेकिन मित्रों, विदेशी भाषा सीखकर अपने गरीब भाइयों पर रोब जमाने के दिन बड़ी तेजी से विदा होते जा रहे हैं, प्रतिभा का और बुद्धि-बल का दुरुपयोग हम सदियों से करते आये हैं, जिसके बल पर हमने अपनी एक अमीरशाही स्थापित कर ली है, और अपने को साधारण जनता से अलग कर लिया है, वह अवस्था अब बदलती जा रही है। बुद्धि-बल ईश्वर की देन है, और उसका धर्म प्रजा पर धौंस जमाना नहीं, उसका खून चूसना नहीं, उसकी सेवा करना है। आज शिक्षित समुदाय पर से जनता का विश्वास उठ गया है। वह उसे उससे अधिक विदेशी समझती है, जितना विदेशियों को। क्या कोई आश्चर्य है कि यह समुदाय आज दोनों तरफ से ठोकर खा रहा है। स्वामियों की ओर से इसलिए कि वह समझते हैं — मेरा चौखट के सिवा इनके लिए और कोई आश्रय नहीं, और जनता की ओर से इसलिए कि उनका इससे कोई आत्मीय सम्बन्ध नहीं। उनका रहन-सहन, उनकी बोल-चाल, उनकी वेष-भूषा, उनके विचार और व्यवहार सब जनता से अलग हैं और यह केवल इसलिए कि हम अंग्रेजी भाषा के गुलाम हो गए। मानो परिस्थिति ऐसी है कि बिना अंग्रेजी भाषा की उपासना किए काम नहीं चल सकता।

लेकिन अब तो इतने दिनों के तजुरबे के बाद मालूम हो जाना चाहिए कि इस नाव पर बैठकर हम पार नहीं लग सकते, फिर हम क्यों आज भी उसी से चिपटे हुए हैं ? अभी गत वर्ष एक इंटर-यूनिवर्सिटी कमीशन बैठा था कि शिक्षा सम्बन्धी विषयों पर विचार करे। उसमें एक प्रस्ताव यह भी था कि शिक्षा का माध्यम अंग्रेजी की जगह पर मातृभाषा क्यों न रखा जाये। बहुमत ने इस प्रस्ताव का विरोध किया, क्यों ? इसलिए कि अंग्रेजी माध्यम के बगैर अंग्रेंजी में हमारे बच्चे कच्चे रह जायेगें और अच्छी अंग्रेजी लिखने और बोलने में समर्थ न होंगे; मगर इन डेढ़ सौ वर्ष की घोर तपस्या के बाद आज तक भारत ने एक भी ऐसा ग्रंथ नहीं लिखा, जिसका इंग्लैंड में उतना ही मान होता, जितना एक तीसरे दर्जे के अंग्रेंजी लेखक का होता है। याद नहीं, पंडित मदन मोहन मालवीयजी ने कहा था या सर तेज बहादुर सप्रू ने, कि पचास साल तक अग्रेंजी से सिर मारने के बाद आज भी उन्हें अंग्रेजी में बोलते वक्त यह संशय होता रहता है कि कहीं उनसे गलती तो नहीं हो गई ! हम आँखें फोड़-फोड़कर और कमर तोड़-तोड़करऔर रक्त जला-जलाकर फोड़कर अंग्रेजी का अभ्यास करते हैं, उसके मुहावरे रटते हैं, लेकिन बड़े से बड़े भारती साधक की रचना विद्यार्थियों की स्कूली एक्सरसाइज से ज्यादा महत्त्व नहीं रखती। अभी दो-तीन दिन हुए, पंजाब के ग्रेजुएटों को अंग्रेजी योग्यता पर वहाँ के परीक्षकों ने यह आलोचना की है कि अधिकांश छात्रों में अपने विचारों के प्रकट करने की शक्ति नहीं हैं, बहुत तो स्पैलिंग में गलतियाँ करते हैं और यह नतीजा है कम से कम 12 साल तक आँखें फोड़ने

का। फिर भी हमारे लिये शिक्षा का अंग्रेजी माध्यम जरूरी है, यह हमारे विद्वानों की राय है। जापान और चीन और ईरान में तो शिक्षा का माध्यम अंग्रेजी नहीं है। फिर भी वे सभ्यता की हरेक बात में हमसे कोसो आगे हैं; लेकिन अंग्रेजी माध्यम के बगैर हमारी नाव डूब जायेगी। हमारे मारवाड़ी भाई हमारे धन्यवाद के पात्र हैं कि कम से कम जहाँ तक व्यापार में उनका सम्बन्ध है, उन्होंने कौमियत की रक्षा की है।

मित्रों, शायद मैं अपने विषय से बहक गया हूँ; लेकिन मेरा आशय केवल यह है कि हमें मालूम हो जाये, हमारे सामने कितना महान् काम है। यह समझ लीजिए कि जिस दिन आप अंग्रेजी भाषा का प्रभुत्व तोड़ देंगे और अपनी एक कौमी भाषा बना लेंगे, उसी दिन आपको स्वराज्य के दर्शन हो जायेंगे। मुझे याद नहीं आता कि कोई भी राष्ट्र विदेशी भाषा के बल पर स्वाधीनता प्राप्त कर सका हो। राष्ट्र की बुनियाद राष्ट्र की भाषा है। नदीं, पहाड़ और समुद्र राष्ट्र नहीं बनाते। भाषा ही वह बंधन है, जो चिरकाल तक राष्ट्र को एक सूत्र में बाँधे रहता है, और उसका शीराजा बिखरने नहीं देता। जिस वक्त अंग्रेज आये, भारत की राष्ट्र-भावना लुप्त हो चुकी थी। यों कहिए कि उसमें राजनैतिक चेतना की गंध तक न रह गई थी। अंग्रेजी राज ने आकर आपको एक राष्ट्र बना दिया। आज अंग्रेजी राज बिदा हो जाये — और एक न एक दिन तो यह होना ही है — तो फिर आपका यह राष्ट्र कहाँ जायेगा ? क्या यह बहुत संभव नहीं है कि एक-एक प्रान्त एक-एक राज्य हो जाये और फिर वहीं विच्छंद शुरू हो जाये ? वर्तमान दशा में तो हमारी कौमी चेतना को सजग और सजीव रहने के लिए अंग्रेजी राज्य को अमर रहना चाहिए। अगर हम एक राष्ट्र बनकर अपने स्वराज्य के लिए उद्योग करना चाहते हैं, तो हमे राष्ट्रभाषा का आश्रय लेना होगा और उसी राष्ट्रभाषा के भिक्षु हैं, और इस नाते आप राष्ट्र का निर्माण कर रहे हैं। सोचिए, आप कितना महान् काम करने जा रहे हैं आप कानूनी बाल की खाल निकालने वाले वकील नहीं बना रहे हैं, आप शासन-मिल के मजदूर नहीं बना रहे हैं, आप एक बिखरी हुई कौम को मिला रहे हैं, आप अपने बंधुत्व की सीमाओं को फैला रहे हैं, भूले हुए भाइयों को गले मिला रहे हैं। इस काम की पवित्रता और गौरव को देखते हुए, कोई ऐसा कष्ट नहीं है, जिसका आप स्वागत न कर सकें। यह धन का मार्ग नहीं है, संभव है कि कीर्ति का मार्ग भी न हो, लेकिन आपके आत्मिक संतोष के लिए इससे बेहतर काम नहीं हो सकता। यही आपके बलिदान का मूल्य है। मुझे आशा है, यह आदर्श आपके सामने रहेगा। आदर्श का महत्त्व आप खूब समझते हैं। वह हमारे रूकते हुए कदम को आगे बढ़ाता है, हमारे दिलों से संशय और संदेह की छाया को मिटाता है और कठिनाइयों में हमें साहस देता है।

राष्ट्रभाषा से हमारा क्या आशय है, इसके विषय में भी मैं आपसे दो शब्द कहूँगा। इसे हिंदी

कहिए, हिंदुस्तानी कहिए या उर्दू कहिए, चीज एक है। नाम से हमारी कोई बहस नहीं। ईश्वर भी वही है, जो खुदा है, और राष्ट्रभाषा में दोनों के लिए समान रूप से सम्मान का स्थान मिलना चाहिए। अगर हमारे देश में ऐसे लोगों की काफी तादाद निकल आए, जो ईश्वर को 'गॉड' कहते है, तो राष्ट्रभाषा उनका भी स्वागत करेगी। जीवित भाषा तो जीवित देह की तरह बराबर बनती रहती है। 'शुद्ध हिंदी' तो निरर्थक शब्द है। जब भारत शुद्ध हिंदू होता तो उसकी भाषा शुद्ध हिंदी होती। जब तक यहाँ मुसलमान, ईसाई, फारसी, अफगानी सभी जातियाँ मौजूद हैं, हमारी भाषा भी व्यापक रहेगी। अगर हिंदी भाषा प्रांतीय रहना चाहती है और केवल हिंदुओं की भाषा रहना चाहती है, तब तो वह शुद्ध बनाई जा सकती है। उसका अंग-भंग करके उसका कायाकल्प करना होगा। प्रौढ़ से यह फिर शिशु बनेगी, यह असम्भव है, हास्यास्पद है। हमारे देखते-देखते सैकड़ों विदेशी शब्द भाषा में आ घुसे, हम उन्हें रोक नहीं सकते। उनका आक्रमण रोकने की चेष्टा ही व्यर्थ है। वह भाषा के विकास में बाधक होगी। वृक्षों को सीधा और सुडोल बनाने के लिए पौधों को एक थूनी का सहारा दिया जाता है। आप विद्वानों का ऐसा नियंत्रण रख सकते हैं कि अश्लील, कुरूचिपूर्ण, कर्णकटु, भद्दे शब्द व्यवहार में न आ सकें, पर यह नियंत्रण केवल पुस्तकों पर हो सकता है।

बोलचाल पर किसी प्रकार का नियंत्रण रखना मुश्किल होगा; मगर विद्वानों का भी अजीब दिमाग है। प्रयाग में विद्वानों और पंडितों की सभा 'हिंदुस्तानी एकेडमी' में तिमाही, सेहमाही, और त्रैमासिक शब्दों पर बरसों से मुबाहसा हो रहा है और अभी तक फैसला नहीं हुआ। उर्दू के हामी 'सेहमाही' की ओर हैं, हिंदी के हामी 'त्रैमासिक' की ओर, बेचारा 'तिमाही' जो सबसे सरल आसानी से बोला-समझा जाने वाला शब्द है, उसका दोनों ही ओर से बहिष्कार हो रहा है। भाषा-सुंदरी को कोठरी में बंद करके आप उसका सतीत्व तो बचा सकते हैं, लेकिन उसके जीवन का मूल्य देकर। उसकी आत्मा स्वयं इतनी बलवान बनाइए कि वह अपने सतीत्व और स्वास्थ्य दोनों ही की रक्षा कर सके। बेशक हमें ऐसे ग्रामीण शब्दों को दूर रखना होगा, जो किसी खास इलाके में बोले जाते हैं। हमारा आदर्श तो यह होना चाहिए कि हमारी भाषा अधिक से अधिक आदमी समझ सकें। अगर इस आदर्श को हम अपने सामने रखें, तो लिखते समय भी हम शब्द-चातुरी के मोह में न पड़ेंगे। यह ग़लत है कि फ़ारसी शब्दों से भाषा कठिन हो जाती है। शुद्ध हिंदी के ऐसे पदों के उदाहरण दिए जा सकते हैं, जिनका अर्थ निकालना पंडितों के लिए भी लोहे के चने चबाना है। वही शब्द सरल है, जो व्यवहार में आ रहा है, इसमें कोई बहस नहीं कि वह तुर्की है, या अरबी, या पुर्तगाली। उर्दू और हिंदी में क्यों इतना सौतिया-डाह है, यह मेरी समझ में नहीं आता। अगर एक समुदाय के लोगों को 'उर्दू' नाम प्रिय है, तो उन्हें उसका इस्तेमाल करने दीजिए। जिन्हें 'हिन्दी' नाम से प्रेम है, वह हिंदी ही कहें। इसमें लड़ाई

काहे की ? एक चीज के दो नाम देकर ख्वाहमख्वाह आपस में लड़ना और उसे इतना महत्त्व देना कि वह राष्ट्र की एकता में बाधक हो जाये, यह मनोवृत्ति रोगी और दुर्लभ मन की है।

अपने अनुभव से इतना अवश्य कह सकता हूँ कि उर्दू को राष्ट्रभाषा के स्टैंडर्ड पर लाने में हमारे मुसलमान भाई हिंदुओं से कम इच्छुक नहीं है। मेरा मतलब उन हिंदू-मुसलमानों से है, जो कौमियत के मतवाले हैं। कट्टरपंथियों से मेरा कोई प्रयोजन नहीं। उर्दू की ओर मुस्लिम संस्कृति का कैम्प आज अलीगढ़ है। वहाँ उर्दू और फ़ारसी के प्रोफेसरों और अन्य विषयों के प्रोफेसरों से मेरी जो बातचीत हुई, उससे मुझे मालूम हुआ कि मौलवियाऊ भाषा से वे लोग भी उतने ही बेज़ार हैं, जितने पंडिताऊ भाषा से, और वे कौमी-भाषा-संघ आंदोलन में शरीक होने के लिए दिल से तैयार हैं। मैं यह भी मान लेता हूँ कि मुसलमानों का एक गिरोह हिंदुओं से अलग रहने में ही अपना हित समझता है — हालांकि उस गिरोह का ज़ोर और असर दिन-दिन कम होता जा रहा है — और वह अपनी भाषा को अरबी से गले तक ठूंस देना चाहता है, तो हम उससे क्यों झगड़ा करें ? क्या आप समझते है? कभी नहीं। मुसलमानों में वही लेखक सर्वोपरि हैं, जो आमफ़हम भाषा लिखते हैं। मौलवियाऊ भाषा लिखने वालो के लिए वहाँ भी स्थान नहीं है।

मुसलमान दोस्तों से भी मुझे कुछ अर्ज करने का हक है; क्योंकि मेरा सारा जीवन उर्दू को सेवकाई करते गुजरा है और आज भी मैं जितनी उर्दू लिखता हूँ, उतनी हिंदी नहीं लिखता, और कायस्थ होने और बचपन से फ़ारसी का अभ्यास करने के कारण उर्दू मेरे लिए जितनी स्वाभाविक है, उतनी हिंदी नहीं है। मैं पूछता हूं, आप हिंदी को क्यों गरदनबाज़ी समझते हैं ? क्या आपको मालूम है, और नहीं है, तो होना चाहिए कि हिंदी का सबसे पहला शायर, जिसने हिंदी का साहित्यिक बीज बोया (व्यावहारिक बीज सदियों पहलें पड़ चुका था) वह अमीर खुसरों था। क्या आपको मालूम है, कम से कम पांच सौ मुसलमान शायरों ने हिंदी को अपनी कविता से धनी बनाया है, जिनमें कई तो चोटी के शायर हैं ? क्या आपको मालूम है, अकबर और जहांगीर और औरंगजेब तक हिंदी कविता का शौक रखते थे और औरंगजेब ने ही आमों के नाम 'रसना-विलास' और 'सुधारस' रखे थे ? क्या आपको मालूम है, आज भी हसरत और हफ़ीज जालन्धरी जैसे कवि कभी-कभी हिंदी मं तबाआज़माई करते हैं ? क्या आपको मालूम है हिंदी में हज़ारों शब्द, हजारों क्रियाएँ अरबी और फ़ारसी से आयी हैं, और ससुराल में आकर घर की देवी हो गई हैं ? अगर यह मालूम होने पर भी आप हिंदी को उर्दू से अलग समझते हैं, तो आप देश के साथ और अपने साथ बेइन्साफ़ी करते हैं।

उर्दू शब्द कब और कहाँ उत्पन्न हुआ, इसकी कोई तारीखी सनद नहीं मिलती। क्या आप समझते हैं, यह 'बड़ा खराब आदमी है,' और वह 'बड़ा दुर्जन मनुष्य है' दो अलग भाषाएँ हैं ? हिंदुओं को

खराब' भी अच्छा लगता है, और 'आदमी' तो अपना भाई ही है। फिर मुसलमान को 'दुर्जन' क्यों बुरा लगे, और 'मनुष्य' क्यों शत्रु-सा दीखे ? हमारी कौमी भाषा में दुर्जन और सज्जन, उम्दा और खराब दोनों के लिए स्थान है, वहाँ तक, जहाँ तक कि उसकी सुबोधता में बाधा नहीं पड़ती। इसके आगे हम न उर्दू के दोस्त हैं, न हिंदी के। मज़ा यह कि हिंदी मुसलमानों का दिया हुआ नाम है और अभी पचास साल पहले तक जिसे आज उर्दू कहा जा रहा है, उसे मुसलमान भी हिंदी कहते थे। और आज 'हिंदी' मरदूद है। क्या आपको नज़र नहीं आता कि 'हिंदी' एक स्वाभाविक नाम है। इंग्लैड वाले इंगलिश बोलते हैं, फ्रांसवाले फ्रेंच, जर्मनीवाले जर्मन, फ़ारसवाले फ़ारसी, तुर्की वाले तुर्की, अरबवाले अरबी, फिर हिन्दवाले क्यों न हिंदी बोलें ? उर्दू तो न काफ़िये में आती है, न रदीफ में, न बहर में, न वज़न में। हाँ हिंदुस्तान का नाम उर्दूस्तान रखा जाये, तो बेशक यहाँ की भाषा उर्दू होगी। कौमी भाषा के उपासक नामों में बहस नहीं करते, वह तो असलियत से बहस करते हैं। क्यों दोनों भाषाओं का कोश एक नहीं हो जाता ? हमें दोनों ही भाषाओं में एक आम लुग़त (कोश) की ज़रूरत है, जिसमें आमफहम शब्द जमा कर दिये जाये। हिंदी मैं तो मेरे मित्र पंडित रामनरेश त्रिपाठी ने किसी हद तक यह ज़रूरत पूरी कर दी है। इस तरह का एक लुगत उर्दू में भी होना चाहिए। शायद वह कौमी-भाषा संघ बनने तक मुल्तवी रहेगा। मुझे अपने मुसलिम दोस्तों से यह शिकायत है कि वह हिंदी के आमफहम शब्दों से भी परहेज़ करते है, हालांकि हिंदी में आमफहम फारसी के शब्द आजादी से व्यवहार किए जाते हैं।

लेकिन प्रश्न उठता है कि राष्ट्रभाषा कहां तक हमारी जरूरतें पूरी कर सकती है ? उपन्यास, कहानियां, यात्रावृत्तांत, समाचार-पत्रों के लेख, आलोचना अगर बहुत गूढ़ न हो, यह सब तो राष्ट्रभाषा में अभ्यास कर लेने से लिखें जा सकते हैं; लेकिन साहित्य में केवल इतने ही विषय तो नहीं हैं। दर्शन और विज्ञान की अनंत शाखाएं भी तो है, जिनको आप राष्ट्रभाषा में नहीं ला सकते। साधारण बातें तो साधारण और सरल शब्दों में लिखी जा सकती है। विवेचनात्मक विषयों में, यहाँ तक कि उपन्यास में भी, जब वह मनोवैज्ञानिक हो जाता है, आपको मजबूर होकर संस्कृत या अरबी-फारसी शब्दों की शरण लेनी पड़ती है। अगर हमारी राष्ट्रभाषा सर्वांगपूर्ण नहीं हैं, और उससे आप हर एक विषय, हर एक भाव नहीं प्रकट कर सकते, तो उसमें यह बडा भारी दोष है, और यह सभी का कर्त्तव्य है कि हम राष्ट्रभाषा की उसी तरह सर्वांगपूर्ण बनावें, जैसी अन्य राष्ट्रों की सम्पन्न भाषाएँ हैं।

यों तो अभी हिंदी और उर्दू अपने पृथक् रूप में भी पूर्ण नहीं हैं। पूर्ण क्या, अधूरी भी नहीं हैं। जो राष्ट्रभाषा लिखने का अनुभव रखते हैं, उन्हें स्वीकार करना पड़ेगा कि एक-एक भाव के लिए उन्हें कितना सिरमग़ज़न करना पड़ता हैं। सरल शब्द मिलते ही नहीं, मिलते हैं, तो भाषा में खपते नहीं,

भाषा का रूप बिगाड़ देते हैं, खीर में नमक के डले की भाँति आकर मज़ा किरकिरा कर देते हैं। इसका कारण तो स्पष्ट ही है कि हमारी जनता में भाषा का ज्ञान बहुत ही थोड़ा है और आमफहम शब्दों की संख्या बहुत ही कम है। जब तक जनता में शिक्षा का अच्छा प्रचार नहीं हो जाता, उनकी व्यावहारिक, शब्दावली बढ़ नहीं जाती, हम उनके समझने के लायक भाषा में तात्त्विक विवेचनाएँ नहीं कर सकते। हमारी हिंदी भाषा ही अभी सौ बरस की नहीं हुई, राष्ट्रभाषा तो अभी शैशवावस्था में है, और फिलहाल यदि हम उसमें सरल साहित्य ही लिख सकें, तो हमको संतुष्ट होना चाहिए। इसके साथ ही हमें राष्ट्रभाषा का कोश बढ़ाते रहना चाहिए। वही संस्कृत और अरबी-फारसी के शब्द, जिन्हें देखकर आज हम भयभीत हो जाते हैं, जब अभ्यास में आ जायेंगे, तो उनका हौआपन जाता रहेगा।

इस भाषा-विस्तार की क्रिया धीरे-धीरे ही होगी। इसके साथ हमें विभिन्न प्रांतीय भाषाओं के ऐसे विद्धानों का एक बोर्ड बनाना पड़ेगा, जो राष्ट्र भाषा की ज़रूरत के क़ायल हैं। उस बोर्ड में उर्दू, हिंदी, बंगला, मराठी, तमिल आदि सभी भाषाओं के प्रतिनिधि रखे जायें और इस क्रिया को सुव्यवस्थित करने और उसकी गति को तेज़ करने का काम उनको सौंपा जाये। अभी तक हमने अपने मनमाने ढंग से इस आन्दोलन को चलाया है। औरों का सहयोग प्राप्त करने का यत्न नहीं किया। आपका यात्री-मंडल ने भी हिंदी के विद्वानों की हमदर्दी हासिल करने की उसने कोशिश नहीं की। हमारे विद्वान् लोग तो अंग्रेजी में मस्त हैं। जनता के पैसे से दर्शन और विज्ञान और सारी दुनिया की विद्याएँ सीखकर भी वे जनता की तरफ से आँखें बंद किए बैठे हैं। उनकी दुनिया अलग है; उन्होंने उपजीवियों की मनोवृत्ति पैदा कर ली है। काश, उनमें भी राष्ट्रीय चेतना होती; काश, वे भी जनता के प्रति अपने कर्त्तव्य को महसूस करते, तो शायद हमारा काम सरल हो जाता।

जिस देश में जन-शिक्षा की सतह इतनी नीची हो, उसमें अगर कुछ लोग अंग्रेजी में अपनी विद्वत्ता का सेहरा बाँध ही ले तो क्या ? हम तो तब जाने, जब विद्वत्ता के साथ-साथ दूसरों को भी ऊँची सतह पर उठाने का भाव मौजूद हो। भारत में केवल अंग्रेजीदाँ ही नहीं रहते। हजार में नौ सौ निन्यानवे आदमी अंग्रेजी का अक्षर भी नहीं जानते। जिस देश का दिमाग विदेशी भाषा में सोचे और लिखे, उस देश को अगर संसार राष्ट्र नहीं समझता, तो क्या वह अन्याय करता है ? जब तक आपके पास राष्ट्रभाषा नहीं, आप का राष्ट्र भी नहीं। दोनों के कारण और कार्य का सम्बन्ध है। राजनीति के माहिर अंग्रेज शासकों को आप राष्ट्र की हाँक लगाकर धोखा नहीं दे सकते। वे आपकी पोल जानते हैं और आपके साथ वैसा ही व्यवहार करते हैं।

अब हमें यह विचार करना है कि राष्ट्रभाषा का प्रचार कैसे बढ़े। अफसोस के साथ कहना पड़ता

है कि हमारे नेताओं ने इस तरफ मुजरिमाना गफ़लत दिखाई है। वे अभी तक इस भ्रम में पड़े हुए हैं कि यह कोई बहुत छोटा विषय है, जो छोटे-मोटे आदमियों के करने का है, और उनके जैसे बड़े-बड़े आदमियों को इतनी कहाँ फुरसत कि वह झंझट में पड़े। उन्होंने अभी तक इस काम का महत्त्व नहीं समझा, नहीं तो शायद यह उनके प्रोग्राम की पहली पाँती में होता। मेरे विचार में जब तक राष्ट्र में इतना संगठन, इतना ऐक्य, इतना एकात्मपन न होगा कि वह एक भाषा में बात कर सके, तब तक उसमें यह शक्ति भी न होगी कि स्वराज्य प्राप्त कर सके। ग़ैरमुमकिन है। जो राष्ट्र के अगुआ हैं, जो एलेक्शनों में खड़े होते हैं और फतह पाते हैं, उनसे मैं बड़े अदब के साथ गुज़ारिश करूँगा कि हज़रत, इस तरह के एक सौ एलेक्शन आयेंगे और निकल जायेंगे, आप कभी हारेंगे, कभी जीतेंगे; लेकिन स्वराज्य आपसे उतनी ही देर रहेगा, जितनी दूर स्वर्ग है। अंग्रेजी में आप अपने मस्तिष्क का गूदा निकालकर रख दे; लेकिन आपकी आवाज में राष्ट्र का बल न होने के कारण कोई आपकी उतनी परवाह भी न करेगा, जितनी बच्चों के रोने की करता है। बच्चों के रोने पर खिलौने और मिठाइयाँ मिलती हैं। वह शायद आपको भी मिल जायें, जिसमें आपकी चिल-पों से माता-पिता के काम में विघ्न न पड़े। इस काम को तुच्छ न समझिए। यही बुनियाद है, आपका अच्छे से अच्छा गारा, मसाला, सीमेंट और बड़ी से बड़ी निर्माण-योग्यता जब तक यहाँ खर्च न होगी, आपकी इमारत न बनेगी — घिरोंदा शायद बन जाये, जो एक हवा के झोंके में उड़ जायेगा।

दरअसल अभी हमने जो कुछ किया है, वह नहीं के बराबर है। एक अच्छा सा राष्ट्रभाषा का विद्यालय तो हम खोल नहीं सके। हर साल सैकड़ों स्कूल खुलते हैं, जिनकी मुल्क को बिल्कुल जरूरत नहीं। 'उस्मानिया विश्वविद्यालय' काम की चीज है, अगर वह उर्दू और हिंदी के बीच की चीज है, अगर वह उर्दू और हिंदी के बीच की खाई को और चौड़ी न बना दे। फिर भी मैं उसे विश्वविद्यालयों पर तरजीह देता हूँ। कम से कम अंग्रेजी की गुलामी से तो उसने अपने को मुक्त कर लिया और हमारे जितने विद्यालय हैं, सभी गुलामी के कारखाने हैं, जो लड़कों को स्वार्थ का, जरूरतों का, नुमाइश का, अकर्मण्यता का गुलाम बनाकर छोड़ देते हैं और लुत्फ यह है कि यह तालीम भी मोतियों के मोल बिक रही है। इस शिक्षा की बाजारी कीमत शून्य के बराबर है, फिर भी हम क्यों भेड़ों की तरह उसके पीछे दौड़े चले जा रहे हैं

अंग्रेजी शिक्षा हम शिष्टता के लिए नहीं ग्रहण करते। इसका उद्देश्य उदर है। शिष्टता के लिए हमें अंग्रेजी के सामने हाथ फैलाने की जरूरत नहीं। शिष्टता हमारी मीरास है, शिष्टता हमारी घुट्टी में पड़ी है। हम तो कहेंगे, हम जरूरत से ज्यादा शिष्ट है। हमारी शिष्टता दुर्बलता की हद तक पहुँच गई है। पश्चिमी शिष्टता में जो कुछ है, वह उद्योग और पुरुषार्थ है। हमने यह चीजें तो उसमें से छाँटी

नहीं। छाँटा क्या, लोफरपन, अहंकार, स्वार्थान्धता, बेशर्मी, शराब और दुर्व्यसन। एक मूर्ख किसान के पास जाइए। कितना नम्र, कितना मेहमानवाज, कितना ईमानदार, कितना विश्वासी ! उसी का भाई टामी है, पश्चिमी शिष्टता का सच्चा नमूना — शराबी, लोफर, गुंडा, अक्खड़, हया से खाली। शिष्टता सीखने के लिए, हमें अंग्रेजी की गुलामी करने की जरूरत नहीं। हमारे पास ऐसे विद्यालय होने चाहिए, जहां ऊँची से ऊँची शिक्षा राष्ट्रभाषा में सुगमता से मिल सके। इस वक्त ज्यादा नहीं तो एक तो ऐसा विद्यालय किसी केन्द्र स्थान में होना चाहिए; मगर हम आज भी वही भेड़-चाल चले जा रहे हैं, वही स्कूल, वही पढ़ाई। कोई भला आदमी ऐसा पैदा नहीं होता, जो एक राष्ट्रभाषा का विद्यालय खोले।

मेरे सामने दक्खिन से बीसों विद्यार्थी भाषा पढ़ने के लिए काशी गये, पर वहाँ कोई प्रबंध नहीं। वही हाल अन्य स्थानों में भी है। बेचारे इधर-उधर ठोकरें खाकर लौट आये। अब कुछ विद्यार्थियों की शिक्षा का प्रबंध हुआ है, मगर जो काम हमें करना है, उसके देखते नहीं के बराबर है। प्रचार के और तरीकों में अच्छे ड्रामों का खेलना अच्छे नतीजें पैदा कर सकता है। इस विषय में हमारा सिनेमा प्रशंसनीय काम कर रहा है, हालाँकि उसके द्वार जो कुरुचि, गंदापन, जो विलास-प्रेम, को कुवासना फैलाई जा रही है, वह इस काम के महत्त्व की मिट्टी में मिला देती है। अगर हम अच्छे भावपूर्ण ड्रामें स्टेज पर कर सकें, तो अवश्य प्रचार बढ़ेगा। हमें सच्चे मिशनरियों की जरूरत है, और आपके ऊपर इस मिशन का दायित्व है। बड़ी मुश्किल यह है कि जब तक किसी वस्तु की उपयोगिता प्रत्यक्ष रूप से दिखाई न दे, कोई उसके पीछे क्यों अपना समय नष्ट करें ?

अगर हमारे नेता और विद्वान, जो राष्ट्रभाषा के महत्त्व से बेखबर नहीं हो सकते, राष्ट्रभाषा का व्यवहार कर सकते, तो जनता में उस भाषा की ओर विशेष आकर्षण होता। मगर यहाँ तो अंग्रेजियत का नशा सवार है। प्रचार का एक और साधन है कि भारत के अंग्रेजी और अन्य भाषाओं के पत्रों को हम इस पर आमादा कर सकें कि वे अपने पत्र के एक-दो कॉलम नियमित रूप से राष्ट्रभाषा के लिए दे सकें। अगर हमारी प्रार्थना वे स्वीकार करें, तो उससे भी बहुत फ़ायदा हो सकता है। हम तो उस दिन का स्वप्न देख रहे हैं, जब राष्ट्रभाषा पूर्ण रूप में अपनी रचनाएँ करेंगे, जब मद्रास और मैसूर, ढाका और पूना सभी स्थानों से राष्ट्रभाषा के उत्तम ग्रंथ निकलेंगे, उत्तम पत्र प्रकाशित होंगे और भू-मंडल की भाषाओं और साहित्यों की मजलसि में हिंदुस्तानी साहित्यों और भाषा को भी गौरव का स्थान मिलेगा। जब हम मंगनी के सुंदर कलेवर में नहीं, अपने फटे वस्त्रों में ही सही, संसार-साहित्य में प्रवेश करेंगे। वह स्वप्न पूरा होगा या अन्धकार में विलीन हो जायेगा, इसका फ़ैसला हमारी राष्ट्र-भावना के हाथ है। अगर हमारे हृदय मे वह बीज पड़ गया है, तो हमारी सम्पूर्ण प्राण-शक्ति से फले फूलेगा। अमर

केवल जिह्वा तक ही है, तो सूख जायेगा।

हिंदी और उर्दू साहित्य की विवेचना का यह अवसर नहीं और करना भी चाहें, तो समय नहीं। हमारा नया साहित्य अन्य प्रांतीय साहित्यों की भाँति ही अभी सम्पन्न नहीं है। अगर सभी प्रांतो का साहित्य हिंदी में आ सके, तो शायद वह सम्पन्न कहा जा सके। बंगला साहित्य से तो हमने उसके प्रायः सारे रत्न ले लिए हैं और गुजराती, मराठी साहित्य से भी थोड़ी बहुत सामग्री हमने ली है। तमिल, तेलगू आदि भाषाओं से अभी हम कुछ नहीं ले सकें; पर आशा करते है कि शीघ्र ही हम इस खजाने पर हाथ बढ़ाएँगें, बशर्ते कि घर के भेदियों ने हमारी सहायता की।

हमारा प्राचीन साहित्य सारे का सारा काव्यमय है, और यद्यपि उसमें शृंगार और भक्ति की मात्रा ही अधिक है, फिर भी बहुत कुछ पढ़ने योग्य है। भक्त कवियों की रचनाएं देखनी हैं, तो तुलसी और सूर और मीरा आदि का अध्ययन कीजिए, ज्ञान में कबीर अपना सानी नहीं रखता, और शृंगार तो इतना अधिक है कि उसने एक प्रकार से हमारी पुरानी कविता को कलंकित कर दिया है। मगर वह उन कवियों का दोष नहीं, परिस्थितियों का दोष है, जिनके अन्दर उन कवियों को रहना पड़ा। उस जमाने में कला दरबारों के आश्रय से जीती थी और कलाविदों का अपने स्वामियों की रुचि का लिहाज करना पड़ता था। उर्दू कवियों का भी यही हाल है। यही उस जमाने का रंग था। हमारे रईस लोग विलास में मग्न थे, और प्रेम, विरह और वियोग के सिवा उन्हें कुछ न सूझता था। अगर कहीं जीवन का नक़्शा है भी, तो यही कि संसार चंद-रोजा है, अनित्य है, और यह दुनिया का दुःख का भंडार है और इसे जितनी जल्दी छोड़ दो, उतना ही अच्छा। इस थोथे वैराग्य के सिवा और कुछ नहीं। हाँ, सूक्तियों और सुभाषितों की दृष्टि से वह अमूल्य है। उर्दू की कविता आज भी सभा रंग पर चली जा रही है, यद्यपि विषय में थोड़ी-सी गहराई आ गई है।

हिंदी में नवीन ने प्राचीन से बिलकुल नाता तोड़ लिया है। और आज की हिंदी कविता भावों की गहराइ, आत्मव्यंजना और अनुभूतियों के एतबार से प्राचीन कविता से कही बढ़ी हुई है। समय के प्रभाव ने उस पर भी अपना रंग जमाया है और वह प्रायः निराशावाद का रुदन है, यद्यपि कवि उस रुदन से दुःखी नहीं होता; बल्कि उसने अपने धैर्य और संतोष का दायरा इतना फैला दिया है कि वह बड़े-से-बड़े दुःख और बाबा का स्वागत करता है। और चूंकि वह उन्हीं भावों को व्यक्त करता है, जो हम सभी के हृदयों में मौजूद हैं, उसकी कविता में मर्म को स्पर्श करने को अतुल शक्ति है। यह जाहिर है कि अनुभूतियाँ सबके पास नहीं होती और जहाँ थोड़े से कवि अपने दिल का दर्द कहते हैं, बहुत से केवल कल्पना के आधार पर चलते हैं।

अगर आप दुःख का विलास चाहते हैं तो महादेव, 'प्रसाद', पंत, सुभद्रा, लली, द्विज,

मिलिद, नवीन, प. माखनलाल चतुर्वेदी आदि कवियों की रचनाएँ पढ़िए। मैंने केवल उन कवियों के नाम दिये हैं। जो मुझे याद आए, नहीं तो और भी ऐसे कई कवि हैं, जिनकी रचनाएं पढ़कर आप अपना दिल थाम लेंगे, दुःख में भी स्वर्ग में पहुँच जायेंगे। काव्यों का आनंद लेना चाहें, तो मैथिलीशरण गुप्त और त्रिपाठी जी के काव्य पढ़िए। ग्राम्य साहित्यिक का दफ़ीना भी त्रिपाठी जी ने खोदकर आपके सामने रख दिया है। इसमें से जितने रत्न चाहें शौक से निकाल ले जाइए, और देखिए उस देहाती गान में कवित्व की कितनी माधुरी और कितना अनूठापन है। ड्रामें का शौक है, तो लक्ष्मीनारायण मिश्र के सामाजिक और क्रांतिकारी नाटक पढ़िए। ऐतिहासिक और भावमय नाटकों की रुचि है, तो 'प्रसाद' जी की लगायी हुई पुष्प-वाटिकाओं की सैर कीजिए। उर्दू में सबसे अच्छा नाटक जो मेरी नजर से गुजरा वह 'ताज' का रचा हुआ। 'अनारकली' है। हास्य रस के पुजारी है, तो अन्नपूर्णानंद की रचनाएँ पढिए। राष्ट्रभाषा के सच्चे नमूने देखना चाहते हैं, तो जी. पी. श्रीवास्तव के हँसाने वाले नाटकों की सैर कीजिए। उर्दू में हास्य-रस के कई ऊँचे-दर्जे के लेखक हैं और पंडित रतननाथ दर तो इस रंग में कमाल कर गए है। उमर खैयाम का मजा हिंदी में लेना चाहें तो 'बच्चन' कवि की मधुशाला में जा बैठिए। उसकी महक से ही आपको सरूर आ जायेगा। गल्प-साहित्य में प्रसाद, कौशिक, जैनेन्द्र, 'भारतीय' 'अज्ञेय', वीरेश्वर आदि की रचनाओं में आप वास्तविक जीवन की झलक देख सकते है। उर्दू के उपन्यासकारों में शरर, मिर्जा रुसवा, सज्जाद हुसैन, नजीर अहमद आदि प्रसिद्ध है, और उर्दू में राष्ट्रभाषा के सबसे अच्छे लेखक ख्वाजा हसन निजामी है, जिनकी क़लम में दिल हिला देने की ताक़त है। हिंदी के उपन्यास क्षेत्र में अभी अच्छी चीजें कम आयी हैं, मगर लक्षण कह रहे हैं कि नई पौध इस क्षेत्र में नए उत्साह, नए दृष्टिकोण, नए संदेश के साथ आ रही है। एक युग की इस तरक्की पर हमें लज्जित होने का कारण नहीं है।

मित्रों, मैं आपका बहुत सा समय ले चुका; लेकिन एक झगड़े की बात बाकी है, जिसे उठाते हुए मुझे डर लग रहा है। इतनी देर तक उसे टालता रहा; पर उसका भी कुछ समाधान करना लाजिम है। वह राष्ट्रलिपि का विषय है। बोलने की भाषा तो किसी तरह एक हो सकती है, लेकिन लिपि कैसे एक हो ? हिंदी और उर्दू लिपियों में तो पूरब-पश्चिम का अन्तर है। मुसलमानों को अपनी फ़ारसी लिपि उतनी ही प्यारी है, जितनी हिंदुओं की अपनी नागरी लिपि। वह मुसलमान भी जो तमिल, बंगला या गुजराती लिखते-पढ़ते हैं, उर्दू को धार्मिक श्रद्धा की दृष्टि से देखते है; क्योंकि अरबी और फ़ारसी लिपि में वही अन्तर है, जो नागरी और बंगला में है, बल्कि उससे भी कम। इस फारसी लिपि में उनका प्राचीन गौरव, उनकी संस्कृति, उनका ऐतिहासिक महत्त्व, सब कुछ भरा हुआ है। उसमें कुछ कच्चाइयाँ हैं, तो खूबियाँ भी हैं, जिनके बल पर वह अपनी हस्ती क़ायम रख सकी है। वह एक प्रकार का शार्टहैंड

है। हमें अपनी राष्ट्रभाषा और राष्ट्रलिपि का प्रचार मित्रभाव से करना है। इसका पहला क़दम यह है कि हम नागरी लिपि का संगठन करें। बंगला, गुजराती, तमिल आदि अगर नागरी लिपि स्वीकार कर लें, तो राष्ट्रीय लिपि का प्रश्न बहुत कुछ हल हो जायेगा और कुछ नहीं तो केवल संख्या ही नागरी को प्रधानता दिला देगी। और हिंदी लिपि का तो सीखना इतना आसान है और इस लिपि के द्वारा उनकी रचनाओं और पात्रों का प्रचार इतना ज्यादा हो सकता है कि मेरा अनुमान है, वे उसे आसानी से स्वीकार कर लेंगे।

हम उर्दू लिपि को मिटाने तो नहीं जा रहे हैं। हम तो केवल यही चाहते हैं कि हमारी एक क़ौमी लिपि हो जाये। अगर सारा देश नागरी लिपि का हो जायेगा तो सम्भव है, मुसलमान भी उस लिपि को कबूल कर लें। राष्ट्रीय चेतना उन्हें बहुत दिन तक अलग न रहने देगी। क्या मुसलमानों में यह स्वाभाविक इच्छा नहीं होगी कि उनके पत्र और उनकी पुस्तकें सारे भारतवर्ष में पढ़ी जायें ? हम तो किसी लिपि को भी मिटाना नहीं चाहते। हम तो इतना ही चाहते हैं कि अन्तर्प्रान्तीय व्यवहार नागरी में हों। मुसलमानों में राजनैतिक जागृति के साथ यह प्रश्न आप हल हो जायेगा। यू. पी. में यह आन्दोलन भी हो रहा है कि स्कूलों में उर्दू के छात्रों को हिंदी और हिंदी के छात्रों को उर्दू का इतना ज्ञान अनिवार्य कर दिया जाये कि वह मामूली पुस्तकें पढ़ सकें और खत लिख सकें। अगर वह आंदोलन सफल हुआ, जिसकी आशा है, तो प्रत्येक बालक हिंदी और उर्दू दोनों ही लिपियों से परिचित हो जायेगा। और जब भाषा एक हो जायेगी, तो हिंदी अपनी पूर्णता के कारण सर्वमान्य हो जायेगी और राष्ट्रीय योजनाओं में उसका व्यवहार होने लगेगा। हमारा काम यही है कि जनता में राष्ट्र चेतना को इतनी सजीव कर दें कि वह राष्ट्रहित के लिए छोटे-छोटे स्वार्थों को बलिदान करना सीखे। आपने इस काम का बीड़ा उठाया है, और मैं जानता हूँ, आपके क्षणिक आवेश में आकर यह साहस नहीं किया है; बल्कि आपका इस मिशन में पूरा विश्वास है, और आप जानते है कि यह विश्वास, कि हमारा पक्ष सत्य और न्याय का पक्ष है, आत्मा को कितना बलवान देता है।

समाज में हमेशा ऐसे लोगों की कसरत होती है, जो खाने पीने, धन बटोरने और जिंदगी के अन्य धंधों में लगे रहते हैं। यह समाज की देह है। उसके प्राण वह गिने-गिनाये मनुष्य हैं, जो उसकी रक्षा के लिए सदैव लड़ते रहते हैं, कभी अन्धविश्वास से, कभी मूर्खता से, कभी कुव्यवस्था से, कभी पराधीनता से। इन्हीं लड़ंतियों के साहस और बुद्धि पर समाज का आधार है। आप इन्हीं सिपाहियों में हैं। सिपाही लड़ता है, हारने-जीतने की उसे परवाह नहीं होती। उसके जीवन का ध्येय ही यह है कि वह बहुतों के लिए अपने को होम कर दे। आपको अपने सामने कठिनाइयों की फौजें खड़ी नजर आएँगी। बहुत सम्भव है, आपको उपेक्षा का शिकार होना पड़े। लोग आपको सनकी और पागल भी

कह सकते हैं। कहने दीजिए। अगर आपका संकल्प सत्य है, तो आपमें से हरएक एक-एक सेना का नायक हो जायेगा। आपका जीवन ऐसा होना चाहिए कि लोगों को आपमें विश्वास और श्रद्धा हो। आप अपनी बिजली से दूसरों में भी बिजली भर दें। हर एक पंथ की विजय उसके प्रचारकों के आदर्श जीवन पर ही निर्भर होती है। अयोग्य व्यक्तियों के हाथों में ऊँचे से ऊँचा उद्देश्य भी निंद्य हो सकता है। मुझे विश्वास है, आप अपने को अयोग्य न बनने देंगे।*

*दक्षिण भारत हिन्दी-प्रचार सभा, मद्रास के चतुर्थ उपाधि वितरणोत्सव के अवसर पर, 29 दिसम्बर, 1934 ई. को दिया गया दीक्षांत भाषण।

कौमी भाषा कि विषय में कुछ विचार

भाषा ही राष्ट्र की बुनियाद है

बहनो और भाइयो,

किसी क़ौम के जीवन और उसकी तरक्की में भाषा का कितना बड़ा हाथ है, इसे हम सब जानते हैं और उसकी तशरीह करना आप जैसे विद्वानों की तौहीन करना है। यह दो पैरोंवाला जीव उसी वक्त आदमी बना, जब उसने बोलना सीखा। यों तो सभी जीवधारियों की एक भाषा होती है। वह उसी भाषा में अपनी खुशी और रंज, अपना क्रोध और भय, अपने हाँ या नहीं बतला दिया करता है। कितने ही जीव तो केवल इशारों से ही अपने दिल का हाल और स्वभाव जाहिर करते हैं। यह दर्जा आदमी ही को हासिल है कि वह अपने मन के भाव और विचार सफ़ाई और बारीकी से बयान करे।

समाज की बुनियाद भाषा है। भाषा के बगैर किसी समाज का ख्याल भी नहीं किया जा सकता। किसी स्थान की जलवायु, उसके नदी और पहाड़, उसी सर्दी और गर्मी और अन्य मौसमी हालतें सब मिल-जुलकर वहाँ के जीवों में एक विशेष आत्मा का विकास करती हैं, जो प्राणियों की शक्ल-सूरत, व्यवहार-विचार और स्वभाव पर अपनी छाप लगा देती हैं, और अपने को व्यक्त करने के लिए विशेष भाषा या बोली का निर्माण करती हैं। इस तरह हमारी भाषा का सीधा सम्बन्ध हमारी आत्मा से है। यों कह सकते हैं कि भाषा हमारी आत्मा का बाहरी रूप है। वह हमारी शक्ल-सूरत, हमारे रंग-रूप ही की भांति हमारी आत्मा से निकलती है। उसके एक-एक अक्षर में हमारी आत्मा का प्रकाश है। ज्यों-ज्यों हमारी आत्मा का विकास होता है, हमारी भाषा भी प्रौढ़ और पुष्ट हो जाती है। आदि में ज़ो लोग इशारों में बात करते थे, फिर अक्षरों में अपने भाव प्रकट करने लगे, वहीं लोग फिलॉसफी लिखते और शायरी करते हैं। और जब जमाना बदल जाता है और हम उस जगह से निकलकर दुनिया के दूसरे हिस्सों में आबाद हो जाते हैं, हमारा रंग-रूप भी बदल जाता है। फिर भी भाषा सदियों तक हमारा साथ देती रहती है और जितने लोग हमज़बान हैं, उनमें एक अपनापन, एक आत्मीयता, एक

निकटता का भाव जगाती रहती है।

मनुष्य में मेल-मिलाप के जितने साधन हैं, उनमें सबसे मजबूत, असर डालने वाला रिश्ता भाषा का है। राजनीतिक, व्यापारिक या धार्मिक नाते जल्द या देर में कमज़ोर पड़ सकते हैं और अक्सर टूट जाते हैं; लेकिन भाषा का रिश्ता समय की और दूसरी बिखरनेवाली शक्तियां की परवा नहीं करता और एक तरह से अलग हो जाता है।

क़ौमी भाषा की ओर हमारी उदासीनता

लेकिन आदि में मनुष्यों के जैसे छोटे-छोटे समूह होते थे, वैसी ही छोटी-छोटी भाषाएँ भी होती हैं। अगर ग़ौर से देखिए, तो 20 -25 कोस के अन्दर ही भाषाओं में कुछ न कुछ फ़र्क हो जाता है। कानपुर और झांसी की सरहदें मिली हुई हैं। केवल एक नदी का अन्तर है, लेकिन नदी की उत्तर तरफ कानपुर में जो भाषा बोली जाती है उसमें, और नदी की दक्षिण तरफ की भाषा में साफ-साफ फर्क नजर आता है। सिर्फ प्रयाग में कम से कम दस तरह की भाषाएं बोली जाती है; लेकिन जैसे-जैसे सभ्यता का विकास होता जाता है, यह स्थानीय भाषाएँ किसी सूबे की भाषा में जा मिलती और सूबे की भाषा सार्वदेशिक भाषा का अंग बन जाती है। हिंदी ही में ब्रजभाषा, बुन्देलखंडी, अवधी, मैथिली, भोजपुरी आदि भिन्न-भिन्न शाखाएँ हैं, लेकिन जैसे छोटी-छोटी धाराओं के मिल जाने से वह बड़ा दरिया बन जाता है, उसमें मिलकर नदियाँ अपने को खो देती हैं, उसी तरह ये सभी प्रांतीय भाषाएँ हिंदी की मसहत हो गई हैं और आज उत्तर भारत का एक देहाती भी हिंदी समझता है और अवसर पड़ने पर बोलता है; लेकिन हमारे मुल्की फैलाव के साथ हमें एक ऐसी भाषा की जरूरत पड़ गई है, जो सारे गुजराती या मराठी या उर्दू न कहकर हिंदुस्तानी भाषा कह सकें, जिसे हिंदुस्तान का प्रत्येक पढ़ा या बेपढ़ा आदमी उसी तरह समझे या बोले, जैसे हर एक अंग्रेज या जर्मन या फ्राँसीसी फ्रेंच या जर्मन या अंग्रेजी भाषा बोलता और समझता है।

हम सूबे की भाषा के विरोधी नहीं हैं। आप उनमें जितनी उन्नति कर सकें, करें; लेकिन एक क़ौमी भाषा का मरकजी सहारा लिये बगैर आपके राष्ट्र की जड़ कभी मजबूत नहीं हो सकती। हमें रंज के साथ कहना पड़ता है कि अब क़ौमी भाषा की ओर जितना ध्यान देना चाहिए, उतना हमने नहीं दिया है। हमारे पूज्य नेता सबके सब ऐसी जबान की जरूरत को मानते हैं; लेकिन अभी तक उनका ध्यान खास तौर पर इस विषय की ओर नहीं आया। हम ऐसा राष्ट्र बनाने का स्वप्न देख रहे

हैं, जिसकी बुनियाद इस वक्त सिर्फ अंग्रेजी हुकूमत है। इस बालू की बुनियाद पर हमारी कौमियत का मीनार खड़ा किया जा रहा है। और अगर हमने क़ौमियत की सबसे बड़ी शर्त, यानी क़ौमी जबान की तरफ से लापरवाही की, तो इसका अर्थ यह होगा कि आपकी क़ौम को जिंदा रखने के लिए अंग्रेजी की मकरजी हुकूमत कायम रहना लाजिम होगा; वरना कोई मिलानेवाली ताकत न होने के कारण हम सब बिखर जायेंगे और प्रांतीयता जोर पकड़कर राष्ट्र का गला घोंट देगी, और जिस बिखरी हुई दशा में हम अंग्रेजी के आने के पहले थे, उसी में फिर लौट जायेंगे।

इस उदासीनता का कारण

इस लापरवाही का खास सबब है — अंग्रेजी जबान का बढ़ता हुआ प्रचार और हममें आत्म-सम्मान की वह कमी, जो गुलामी की शर्म को नहीं महसूस करती। यह दुरुस्त है कि आज भारत की दफ्तरी जबान अंग्रेजी है और भारत की जनता पर शासन करने में अंग्रेजों का हाथ बँटाने के लिए हमारा अंग्रेजी जानना जरूरी है। इल्म और हुनर और खयालात में जो इनक़लाब होते रहते हैं उनसे वाक़िफ होने के लिए भी अंग्रेजी जबान सीखना लाजिमी हो गया है। जाती शोहरत और तरक्की की सारी कुंजियाँ अंग्रेजो के हाथ में है और कोई या उस ख़जाने को नाचीज़ नहीं समझ सकता। दुनिया की तहजीबी या सांस्कृतिक बिरादरी में मिलने के लिए अंग्रेजी ही हमारे लिए एक दरवाजा है और उसकी तरफ से हम आँख नहीं बंद कर सकते।

लेकिन हम दौलत और अख्तियार की दौड़ में, और बेतहाशा दौड़ में, क़ौमी भाषा की जरूरत बिल्कुल भूल गए, और उस जरूरत की याद कौन दिलाता ? आपस में तो अंग्रेजी का व्यवहार था ही, जनता से ज्यादा सरोकार था ही नहीं, और अपनी प्रांतीय भाषा से सारी जरूरतें पूरी जो जाती थी। क़ौमी भाषा का स्थान अंग्रेजी ने ले लिया और उसी स्थान पर विराजमान है। अंग्रेजी राजनीति का, व्यापार का, साम्राज्यवाद का, हमारे ऊपर जैसा आतंक है, उससे कहीं ज्यादा अंग्रेजी भाषा का है। अंग्रेजी राजनीति से, व्यापार से, साम्राज्यवाद से तो आप बग़ावत करते हैं; लेकिन अंग्रेजी भाषा को आप गुलामी के तौक़ की तरह गर्दन में डाले हुए हैं। अंग्रेजी राज्य की जगह आप स्वराज्य चाहते हैं। उनके व्यापार की जगह अपना व्यापार चाहते हैं; लेकिन अंग्रेजी भाषा का सिक्का हमारे दिलों पर बैठ गया है; उसके बग़ैर हमारा पढ़ा-लिखा समाज अनाथ हो जायेगा। पुराने समय में आर्य और अनार्य्य का भेद था, आज अंग्रेजीदाँ का भेद है। अंग्रेजीदाँ आर्य है। उनके हाथ में अपने स्वामियों की कृपा-दृष्टि

की बदौलत कुछ अख्त्यार है, रोब है, सम्मान है; गैर-अँग-रजीदाँ अनार्य्य है और उनका काम केवल आर्यों की सेवा-टहल करना है और उनके भोग-विलास और भोजन के लिए सामग्री जुटाना है। यह आर्यवाद बड़ी तेजी से बढ़ रहा है, दिन-दूना रात चौगुना। अगर सौ-दो सौ साल में भी वह सारे भारत में फैल जाता, तो हम कहते बला से, विदेशी जबान है, हमारा काम तो चलता है। लेकिन इधर तो हजार-दो-हजार साल में भी उसके जनता में फैलने का इमकान नहीं। दूसरे वह पढ़े-लिखों को जनता से अलग किए चली जा रही है। यहाँ तक कि इनमें एक दीवार खिंच गई है। साम्राज्यवादी जाति की भाषा में कुछ तो उसके घमंड और दबदबे का असर होना ही चाहिए।

हम अंग्रेजी पढ़कर अगर अपने को महकूम जाति का अंग भूलकर हाकिम जाति का अंग समझने लगते हैं, कुछ वहीं गरुर, कुछ वहीं अहम्मन्यता, 'हम चुनीं दीगरे नेस्त' वाला भाव, बहुतों में कसदन, और थोड़े आदमियों में बेजाने पैदा हो जाता है, तो कोई ताज्जुब नहीं। हिंदुस्तानी साहबों की अपनी बिरादरी हो गई है, उनका रहन-सहन, चाल-ढाल, पहनावा-बर्ताव सब साधारण जनता से अलग है। साफ मालूम होता है, कि यह कोई नई उपज है। जो हमारा अंग्रेज साहब करता है, वही हमारा हिंदुस्तानी साहब करता है, करने पर मजबूर है। अंग्रेजियत ने उसे हिप्नोटाइज कर दिया है, उसमें बेहद उदारता आ गई है, छुआछूत से सोलहों आना नफ़रत हो गई है, वह अंग्रेज साहब की मेज़ का जूठन भी खा लेगा और उसे गुरु का प्रसाद समझ लेगा; लेकिन जनता उसकी उद्‌रता में स्थान नहीं पा सकती, उसे तो वह काला आदमी समझता हैं। हाँ, जब कभी अंग्रेज साहबों से उसे कोई ठोकर मिलती है, तो वह दौड़ा हुआ जनता के पास फरियाद करने जाता है —— उसी जनता के पास, जिसे वह काला आदमी और अपना भाग्य समझता है। अगर अंग्रेज स्वामी उसे नौकरियां देता जाये; उसे, उसके लड़कों, पोतों, सबको, तो उसे अपने हिंदुस्तानी या गुलाम होने का कभी ख्याल भी न आयेगा। मुश्किल तो यही है कि वहाँ भी गुंजाइश नहीं है। ठोकरें पर ठोकरें मिलती हैं, तब यह क्लास देश-भक्त बन जाता है और जनता का वकील और नेता बनकर उसका जोर लेकर अंग्रेज साहब का मुकाबला करना चाहता है। तब उसे ऐसी भाषा की कमी महसूस होती है, जिसके द्वारा वह जनता तक पहुंच सके।

कांग्रेस को जो थोड़ा बहुत यश मिला, वह जनता को उसी में अपील करने से मिला। हिंदुस्तान में इस वक्त करीब 24-25 करोड़ आदमी हिंदुस्तानी भाषा समझ सकते हैं। यह क्या दुःख की बात नहीं कि वे, जो भारतीय जनता की वकालत के दावेदार है, वह भाषा न बोल सकें और न समझ सकें, जो पचीस करोड़ की भाषा है, और जो थोड़ी-सी कोशिश से सारे भारतवर्ष की भाषा बन सकती है ? लेकिन अंग्रेजी के चुने हुए शब्दों और मुहावरों और मंजी हुई भाषा में अपनी निपुणता और

कुशलता दिखाने का रोग इतना बढ़ा हुआ है कि हमारी कौमी सभाओं में सारी कार्यवाही अंग्रेजी में होती है, अंग्रेजी में भाषण दिए जाते है, प्रस्ताव पेश किए जाते हैं, सारी लिखा-पढ़ी अंग्रेजी में होती है — उस संस्था में भी, जो अपने को जनता की संस्था कहती है। यहाँ तक कि सोशलिस्ट और कम्यूनिस्ट भी, जो जनता के खासुल-खास झंडे-बरदार हैं, सभी कार्यवाही अंग्रेजी में करते हैं।

जब हमारी क़ौमी संस्थाओं की यह हालत है, तो हम सरकारी महकमों और यूनिवर्सिटियों से क्या शिकायत करें ? मगर सौ वर्ष तक अंग्रेजी पढ़ने-लिखने और बोलने के बाद भी, एक भी हिंदुस्तानी ऐसा नहीं निकला, जिसकी रचना का अंग्रेजी में आदर हो। हम अंग्रेजी भाषा की खैरात खाने के इतने आदी हो गए हैं कि अब हमें हाथ-पांव हिलाते कष्ट होता है। हमारी मनोवृत्ति कुछ वैसी ही हो गई है, जैसी अक्सर भिखमंगों की होती है, जो इतने आरातलब हो जाते हैं कि मजदूरी मिलने पर भी नहीं करते। यह ठीक है कि कुदरत अपना काम कर रही है और जनता क़ौमी भाषा बनाने में लगी हुई है, उसका अंग्रेजी न जानना, क़ौम की भाषा के लिए अनुकूल जलवायु दे रहा है।

इधर सिनेमा के प्रचार ने भी समस्या को हल करना शुरू कर दिया है और ज्यादातर फिल्में हिंदुस्तानी भाषा में ही निकल रही हैं। सभी ऐसी भाषा में बोलना चाहते हैं, जिसे ज्यादा से ज्यादा आदमी समझ सकें; लेकिन जब जनता अपने रहनुमानों को अंग्रेजी में बोलते और लिखते देखती है, तो क़ौमी भाषा से उसे जो हमदर्दी है, उसमें जोर का धक्का लगता है। उसे कुछ ऐसा ख्याल होने लगता है कि क़ौमी भाषा कोई जरूरी चीज नहीं है। जब उसके नेता, जिनके कदमों के निशान पर वह चलती है, और जो जनता की रुचि बनाते हैं, कौमी भाषा को हकीर समझें — सिवाय इसके कि कभी-कभी श्रीमुख से उसकी तारीफ कर दिया करें — तो जनता से यह उम्मीद करना कि वह क़ौमी भाषा के मुर्दे को पूजती जाये, उसे बेवकूफ समझना है। और जनता को आप जो चाहें इलजाम दे लें, वह बेवकूफ नहीं है। आपने समझदारी का जो तराजू अपने दिल में बना रखा है, उस पर वह चाहे पूरी न उतरे; लेकिन हम दावे से कह सकते हैं कि कितनी ही बातों में वह आपसे और हमसे कहीं ज्यादा समझदार है।

क़ौमी भाषा के प्रचार का एक बहुत बड़ा जरिया हमारे अखबार हैं; लेकिन अखबारों की सारी शक्ति नेताओं के भाषणो, व्याख्यानों और बयानों के अनुवाद करने में ही खर्च हो जाती है, और चूंकि शिक्षित समाज ऐसे अखबार खरीदने और पढ़ने में अपनी हत न समझता है, इसलिए ऐसे पत्रों का प्रचार बढ़ने नहीं पाता और आमदनी कम होने के सबब वे पत्र को मनोरंजक नहीं बना सकते। वाइसराय या गवर्नर अंग्रेजी में बोलें, हमें कोई एतराज नहीं; लेकिन अपने ही भाइयों के खयालात तक पहुंचने के लिए हमें अंग्रेजी से अनुवाद करना पड़े, यह हालत भारत जैसे गुलाम देश के सिवा और

कहीं नजर नहीं आ सकती और जुबान की गुलामी ही असली गुलामी है। ऐसे भी देश संसार में है, जिन्होंने हुक्मराँ जाति की भाषा को अपना लिया। लेकिन उन जातियों के पास न अपनी तहजीब या सभ्यता थी, और न अपना कोई इतिहास था, न अपनी कोई भाषा थी। वे उन बच्चों की तरह थे, जो थोड़े ही दिनों में अपना मातृभाषा भूल जाते है और नई भाषा में बोलने लगते हैं। क्या हमारा शिक्षित भारत वैसा ही बालक है ? ऐसा मानने की इच्छा नहीं होती; हालांकि लक्षण सब वही हैं।

क़ौमी भाषा का रूप

सवाल यह होता है कि जिस क़ौमी भाषा पर इतना जोर दिया जा रहा है, उसका रूप क्या है? हमें खेद है कि अभी तक हम उसकी कोई खास सूरत नहीं बना सके हैं, इसलिए कि जो लोग उसका रूप बना सकते थे कि उसे ज्यादा से ज्यादा आदमी समझ सकें। हमारी कोई सूबेवाली भाषा इस कसौटी पर पूरी नहीं उतरती। सिर्फ हिंदुस्तानी ऐसी भाषा है, जिसे यह दर्जा हासिल है। इसे उर्दू या हिंदी का अलग-अलग नाम न देकर मैं हिंदुस्तानी कहता हूँ; क्योंकि मेरे ख्याल में हिंदी और उर्दू दोनों एक जबान हैं। क्रिया और कर्त्ता, फेल और फाइल, जब एक हैं, तो उनके एक होने में कोई संदेह नहीं हो सकता। उर्दू वह हिंदुस्तानी जबान है जिसमें फ़ारसी अरबी के लफ्ज ज्यादा हों, उसी तरह हिंदी वह हिंदुस्तानी है जिसमें संस्कृत के शब्द ज्यादा हों। लेकिन जिस तरह अंग्रेजी में चाहे लैटिन या ग्रीक शब्द अधिक हों या एंग्लोसेक्सन, दोनों ही अंग्रेजी हैं, उसी भाँति हिंदुस्तानी भी अन्य भाषाओं के शब्दों के मिल जाने से कोई भिन्न भाषा नहीं हो जाती। साधारण बातचीत में तो हम हिंदुस्तानी का व्यवहार करते ही हैं। थोड़ी-सी कोशिश से हम इसका व्यवहार उन सभी कामों में कर सकते हैं, जिनसे जनता का सम्बन्ध है। मैं यहाँ एक उर्दू पत्र से दो-एक उदाहरण देकर अपना मतलब साफ कर देना चाहता हूँ —

'एक ज़माना था, जब देहातों में चरखा और चक्की के बग़ैर कोई घर खाली न था। चक्की-चूल्हे से छुट्टी मिली, तो चरखे पर सूत कात लिया। औरतें चक्की पीसती थीं, इससे उनकी तन्दुरुस्ती बहुत अच्छी रहती थी, उनके बच्चे मजबूत और जफ़ाकश होते थे। मगर अब तो अंग्रेजी तहज़ीब और आधुनिकता ने सिर्फ शहरों में ही नहीं, देहातों में भी काया पलट दी है। हाथ की चक्की के बजाय अब मशीन का पिसा हुआ आटा इस्तेमाल किया जाता है। गाँवों में चक्की न रही तो चक्की पर गीत कौन गाए ? जो बहुत ग़रीब हैं, वे अब भी घर की चक्की का आटा इस्तेमाल करते हैं। चक्की पीसने का

वक्त अमूमन रात का तीसरा पहर होता है। सरे शाम ही पीसने के लिए अनाज रख लिया जाता है और पिछले पहर से उठकर औरतें चक्की पीसने बैठ जाती है।'

इस पराग्राफ को मैं हिंदुस्तानी का बहुत अच्छा नमूना समझता हूँ, जिसे समझने में किसी भी हिंदी समझने वाले आदमी को जरा भी मुश्किल न पड़ेगी। अब मैं उर्दू का एक दूसरा पैरा देता हूँ —

'उसकी वफा का जजबा सिर्फ जिंदा हस्तियों के लिए महदूद न था। वह ऐसी परवाना थी कि न सिर्फ जलती हुई शमा पर निसार होती थी, बल्कि बुझी हुई शमा पर भी खुद को कुरबान कर देती थी। अगर मौत का जालिम हाथ उसके रफीक हयात को छीन लेता था, तो वह बाक़ी जिन्दगी उसके नाम और उसकी याद में बसर कर देती थी। एक ही कहलाने और एक ही हो जाने के बाद फिर दूसरे किसी शख्स का ख्याल भी उसके वफ़ा परस्त दिल में भूलकर भी न उठता था।'

अगर पहले जुमले को हम इस तरह लिखें — 'वह सिर्फ जिंदा आदमियों के साथ वफा न करती थी' और 'वफापरस्त' की जगह 'प्रेमी', 'रफीक हयात' की जगह 'बीवी' का व्यवहार करें, तो वह साफ हिंदुस्तानी बन जायेगी और फिर उसके समझने में किसी को दिक्कत न होगी। अब मैं एक हिंदी पत्र से एक पैरा नक़ल करता हूँ —

'मशीनों के प्रयोग से आदमियों का बेकार होना और नए-नए आविष्कारों से बेकारी का बढ़ना, फिर बाज़ार की कमी, रही-सही कमी को और भी पूरा कर देती है। बेकारी की समस्या को अधिक भयंकर रूप देने के लिए यही काफी था, लेकिन इसके ऊपर संसार में हर दसवें साल की जन-गणना देखने से मालूम हो रहा है कि जनसंख्या बढ़ती ही जा रही है। पूँजीवाद कुछ लोगों को धनी बनाकर उनके लिए सुख और विलास की नई-नई सामग्री जुटा सकता है।'

यह हिंदी के मशहूर और माने हुए विद्वान् की शैली का नमूना है। इसमें 'प्रयोग', 'आविष्कार', 'समस्या' यह तीन शब्द ऐसे हैं, जो उर्दूदाँ लोगों को अपरिचित लगेंगे। बाक़ी सभी भाषाओं के बोलने वालों को समझ में आ सकते हैं। इससे साबित हो रहा है कि हिंदी या उर्दू में कितने थोड़े रद्दोबदल से उसे हम क़ौमी भाषा बना सकते हैं। हमें सिर्फ अपने शब्दों का कोश बढ़ाना पड़ेगा और वह भी ज्यादा नहीं। एक दूसरे लेख की शैली का नमूना और लीजिए —

'अपने साथ रहने वाले नागरिकों के साथ हमारा जो रोज-रोज का सम्बन्ध होता है, उसमें क्या आप समझते हैं कि वस्तुतः न्यायकर्त्ता, जेल के अधिकारी और पुलिस के कारण ही समाज-विरोधी कार्य बढ़ने नहीं पाते ? न्यायकर्त्ता तो सदा खूंखार बना रहता है, क्योंकि वह क़ानून का पागल है, अभियोग

लगाने वाला, पुलिस को खबर देनेवाला, पुलिस का गुप्तचर, तथा इसी श्रेणी के और लोग जो अदालतों के इर्द-गिर्द मँडराया करते हैं और किसी प्रकार अपना पेट पालते हैं, क्या यह लोग व्यापक रूप में समाज में दुर्नीति का प्रचार नहीं करते ? मामलों-मुकद्दमों की रिपोर्ट पढ़िए, पर्दे के अन्दर नजर डालिए, अपनी विश्लेषक बुद्धि को अदालतों के बाहरी भाग तक ही परिमति न रखकर भीतर ले जाइए, तब आपको जो कुछ मालूम होगा, उससे आपका सिर बिल्कुल भन्ना उठेगा।'

यहाँ अगर हम 'समाज-विरोधी' की जगह 'समाज को नुकसान पहुँचाने वाले', 'अभियोग' की जगह 'जुर्म', 'गुप्तचर' की जगह 'मुखबिर' 'श्रेणी', की जगह 'दर्जा', 'दुनीर्ति' की जगह 'बुराई', 'विश्लेषक बुद्धि' की जगह 'परख', 'परिमित' की जगह 'बन्द' लिखें, तो वह सरल और सुबोध हो जाती है और हम उसे हिंदुस्तानी कह सकते हैं।

इस रूप का प्रचार कैसे हो ?

इन उदाहरणों या मिसालों में जाहिर है कि हिंदी-कोश में उर्दू के और उर्दू-कोश में हिंदी के शब्द बढ़ाने से काम चल सकता है। यह भी निवेदन कर देना चाहता हूँ कि थोड़े दिन पहले फारसी और उर्दू के दरबारी भाषा होने के सबब से फारसी के शब्द जितना रिवाज पा गए हैं, उतना संस्कृत के शब्द नहीं। संस्कृत शब्दों के उच्चारण में जो कठिनाई होती है, इसको हिंदी के विद्वानों ने पहले ही देख लिखा और उन्होंने हजारों संस्कृत शब्दों को इस तरह बदल दिया कि वह आसानी से बोले जा सकें। ब्रजभाषा और अवधि मं इसकी बहुत-सी मिसालें मिलती हैं, जिन्हें यहाँ लाकर मैं आपका समय नहीं खराब करना चाहता। इसलिए क़ौमी भाषा में भी उनका यही रूप रखना पड़ेगा, और संस्कृत शब्दों की जगह, जिन्हें सर्वसाधारण नहीं समझते, ऐसे फारसी शब्द रखने पड़ेंगे, जो विदेशी होकर भी इतने आम हो गए कि उनको समझने में जनता को कोई दिक़्कत नहीं होती। 'अभियोग' का अर्थ वही समझ सकता है, जिसने संस्कृत पढ़ी हो। जुर्म का मतलब बे-पढ़े भी समझते हैं। 'गुप्तचर' की जगह 'मुखबिर', 'दुर्नीति' की जगह 'बुराई' ज्यादा सरल शब्द हैं। शुद्ध हिंदी के भक्तों का मेरे इस बयान से मतभेद हो सकता हैं। लेकिन अगर हम ऐसी क़ौमी जबान चाहते हैं, जिसे ज्यादा से ज्यादा आदमी समझ सकें, तो हमारे लिए दूसरा रास्ता नहीं है, और यह कौन नहीं चाहता कि उसकी बात ज्यादा से ज्यादा लोग समझें, ज्यादा आदमियों के साथ उसका आत्मिक सम्बन्ध हो।

हिंदी में एक फ़रीक ऐसा है, जो यह कहता है कि चूंकि हिंदुस्तान की सभी सूबेवाली भाषाएँ

संस्कृत से निकली हैं और उनमें संस्कृत के शब्द अधिक हैं, इसलिए हिंदी में हमें अधिक से अधिक संस्कृत के शब्द लाने चाहिए, ताकि अन्य प्रांतों के लोग उसे आसानी से समझें। उर्दू की मिलावट करने से हिंदी को कोई फायदा नहीं। उन मित्रों को मैं यही जवाब देना चाहता हूँ कि ऐसा करने से दूसरे सूबों के लोग चाहे आपकी भाषा समझ लें, लेकिन खुद हिंदी बोलनेवाले न समझेंगे। क्योंकि साधारण हिंदी बोलनेवाला आदमी शुद्ध संस्कृत शब्दों का जितना व्यवहार करता है, उससे कहीं ज्यादा फ़ारसी शब्दों का। हम इस सत्य की ओर से आँखें नहीं बन्द कर सकते, और फिर उसकी जरूरत ही क्या है कि हम भाषा को पवित्रता की धुन में तोड़-मोड़ डालें। यह जरूर सच है कि बोलने की भाषा और लिखने की भाषा में कुछ न कुछ अन्तर होता है, लेकिन लिखित भाषा सदैव बोलचाल की भाषा से मिलते-जुलते रहने की कोशिश किया करती है। लिखित भाषा की खूबी यही है कि वह बोलचाल की भाषा से मिले। इस आदर्श से वह जितनी ही दूर जाती है, उतनी ही अस्वाभाविक हो जाती है। बोलचाल की भाषा भी अवसर और परिस्थिति के अनुसार बदलती रहती है।

विद्वानों के समाज में जो भाषा बोली जाती है, वह बाजार की भाषा से अलग होती है। शिष्ट भाषा की कुछ न कुछ मर्यादा तो होनी चाहिए; लेकिन इतनी नहीं कि उससे भाषा के प्रचार में बाधा पड़े। फ़ारसी शब्दों में शीन-काफ़ की बड़ी कैद है; लेकिन क़ौमी भाषा में यह कैद ढीली करनी पड़ेगी, पंजाब के बड़े-बड़े विद्वान भी 'क़' की जगह 'क' ही का व्यवहार करते हैं। मेरे ख्याल में तो भाषा के लिए सबसे महत्त्व की चीज है कि उसे ज्यादा से ज्यादा आदमी, चाहे वे किसी प्रांत के रहने वाले हों, समझें, बोलें और लिखें। ऐसी भाषा न पंडिताऊ होगी और न मौलवियों की। उसका स्थान इन दोनों के बीच में है। यह जाहिर है कि अभी इस तरह की भाषा में इबारत की चुस्ती और शब्दों के विन्यास की बहुत थोड़ी गुंजाइश है, और जिसे हिंदी या उर्दू पर अधिकार है, उसके लिए चुस्त और सजीली भाषा लिखने का लालच बड़ा जोरदार होता है। लेखक को केवल अपने मन का भाव नहीं प्रकट कहना चाहिए कि वह लिखता है रसिकों के लिए, साधारण जनता के लिए नहीं — उसी तरह, जैसे कलावंत राग-रागिनियाँ गाते समय केवल संगीत के आचार्यों ही से दाद चाहता है, सुननेवालों में कितने अनाड़ी बैठे हैं, इसकी उसे कुछ भी परवाह नहीं होती।

अगर हमें राष्ट्र-भाषा का प्रचार करना है, तो हमें इस लालच को दबाना पड़ेगा। हमें इबारत की चुस्ती पर नहीं, अपनी भाषा को सरल बनाने पर खास तौर से ध्यान रखना होगा। इस वक्त ऐसी भाषा कानों और आँखों को खटकेगी जरूर, कहीं गंगा-मदार का जोड़ नजर आएगा, कहीं एक उर्दू शब्द हिंदी के बीच में इस तरह डटा हुआ मालूम होगा, जैसे कौओं के बीच में हंस आ गया हो। कहीं उर्दू के बीच में हिंदी शब्द हलुए में नमक के डले की तरह मजा बिगाड़ देंगे। पंडितजी भी खिलखिलाएंगे

और मौलवी साहब भी नाक सिकोड़ेंगे और चारों तरफ से शोर मचेगा कि हमारी भाषा का गला रेत जा रहा है, कुंद छुरी से उसे जबह किया जा रहा है; उर्दू को मिटाने के लिए यह साजिश की गई है हिंदी को डुबानें के लिए यह माया रची गई है; लेकिन हमें इन बातों को कलेजा मजबूत करके सहन करना पड़ेगा। राष्ट्र-भाषा केवल रईसों और अमीरों की भाषा नहीं हो सकती। उसे किसानों और मजदूरों की भाषा बनना पड़ेगा। जैसे रईसों और अमीरों ही से राष्ट्र नहीं बनता, उसी तरह उनकी गोद में पली हुई भाषा राष्ट्र की भाषा नहीं हो सकती। यह मानते हुए कि सभाओं में बैठकर हम राष्ट्रभाषा की तामीर नहीं कर सकते, राष्ट्रभाषा तो बाजारों में और गलियों में बनती है; लेकिन सभाओं में बैठकर हम उसकी चाल को तेज जरूर कर सकते हैं। इधर तो हम राष्ट्रभाषा का गुल मचाते हैं, उधर अपनी जबानों के दरवाजों पर संगीने लिये खड़े रहते हैं कि कोई उसकी तरफ आँख न उठा सके।

हिंदी में हम उर्दू शब्दों को बिना तकल्लुफ स्थान देते हैं, लेकिन उर्दू के लेखक संस्कृत के मामूली शब्दों को भी अन्दर नहीं आने देते। वह चुन-चुनकर हिंदी की जगह फारसी और अरबी के शब्दों का इस्तेमाल करते हैं। जरा-जरा से मुजक्कर और मुअन्नस के भेद पर तूफान मच जाया करता है। उर्दू जबान सिरात का पुल बनकर रह गई है, जिससे जरा इधर-उधर हुए और जहन्नुम में पहुंचे। जहाँ राष्ट्रभाषा के प्रचार करने का प्रयत्न हो रहा है, वहाँ सबसे बड़ी दिक्कत इसी लिंग भेद के कारण पैदा हो रही है। हमें उर्दू के मौलवियों और हिंदी के पंडितों से उम्मीद नहीं कि वे इन फंदो को कुछ नर्म करेंगे। यह काम हिंदुस्तानी भाषा का होगा कि वह जहाँ तक हो सके, निरर्थक कैदों से आजाद हो। आँख क्यों स्त्रीलिंग है और कान क्यों पुल्लिंग है ? इसका कोई संतोष के लायक जवाब नहीं दिया जा सकता।

राष्ट्रीय संस्थाओं से अपील

मेरी समझ में यही बात नहीं आती कि जो संस्था जनता की भाषा का बायकाट करती है, उस पर दूर ही से लाठी लेकर उठती है, वह राष्ट्रीय संस्था किस लिहाज से है, और जो लोग जनता की भाषा नहीं बोल सकते, वह जनता के वकील कैसे बन सकते हैं, चाहें वे समाजवाद या समष्टिवाद या किसी और वाद का लेबल लगाकर आवें। संभव है, इस वक्त आपको राष्ट्रभाषा की जरूरत न मालूम होती हो और अंग्रेजी से आपका काम मजे से चल सकता हो, लेकिन अगर आगे चलकर हमें फिर हिंदुस्तान को घरेलू लड़ाइयों से बचाना है, तो हमें उन सारे नातों को मजबूत बनाना पड़ेगा, जो राष्ट्र

के अंग हैं और जिनमें क़ौमी भाषा का स्थान सबसे ऊँचा नहीं, तो किसी से कम भी नहीं।

जब तक आप अंग्रेजी को अपनी क़ौमी भाषा बनाए हुए हैं, तब तक आपकी आजादी की धुन पर किसी को विश्वास नहीं आता। वह भीतर की आत्मा से निकली हुई तहरीक नहीं है, केवल आजादी के शहीद बन जाने की हविस है। यहाँ जय-जय के नारे और फूलों की वर्षा न हो; लेकिन जो लोग हिंदुस्तान को एक क़ौम देखना चाहते हैं — इसलिए नहीं कि वह क़ौम कमजोर क़ौमों को दबाकर, भाँति-भाँति के मायाजाल फैलाकर, रोशनी और ज्ञान फैलाने का ढोंग रचकर, अपने अमीरों का व्यापार बढ़ाए और अपनी ताकत पर घमंड करें, बल्कि इसलिए कि वह आपस में हमदर्दी, एकता और सद्भाव पैदा कर और हमें इस योग्य बनाए कि हम अपने भाग्य का फैसला अपनी इच्छानुसार कर सकें — उनका यह फ़र्ज है कि क़ौमी भाषा के विकास और प्रचार में वे हर तरह से मदद करें। और यह सब कुछ हमारे हाथ में हैं।

विद्यालयों में हम क़ौमी भाषा के दर्जे खोल सकते हैं। हर एक ग्रेजुएट के लिए क़ौमी भाषा में बोलना और लिखना लाजिमी बना सकते हैं। हम हरेक पत्र में, चाहे वह मराठी हो या गुजराती या अंग्रेजी या बंगला, एक दो कॉलम क़ौमी भाषा के लिए अलग करा सकते हैं। अपने प्लेटफार्म पर क़ौमी भाषा का व्यवहार कर सकते हैं। आपस में क़ौमी भाषा में बातचीत कर सकते हैं। जब तक मुल्की दिमाग अंग्रेज़ी की गुलामी में खुश होता रहेगा, उस वक्त तक भारत सच्चे मानी में राष्ट्र न बन सकेगा। यह भी जाहिर है कि एक प्रान्त या एक भाषा के बोलने वाले क़ौमी भाषा नहीं बना सकते। क़ौमी भाषा तो तभी बनेगी, जब सभी प्रान्तों के दिमाग़दार लोग उसमें सहयोग देंगे।

सम्भव है कि दस-पाँच साल भाषा का कोई रूप स्थिर न हो, कोई पूरब जाये, कोई पश्चिम, लेकिन कुछ दिनों के बाद तूफान शान्त हो जायेगा और जहाँ केवल धूल और अंधकार और गुबार था, वहाँ हरा-भरा, साफ-सुथरा मैदान निकल आएगा। जिनके कलम में मुर्दों को जिलाने और सोतों को जगाने की ताकत है, वे सब वहाँ विचरते हुए नजर आएंगे। तब हमें टैगोर, मुंशी, देशाई और जोशी की कृतियों से आनंद और लाभ उठाने के लिए मराठी और बंगला या गुजराती न सीखनी पड़ेगी। क़ौमी भाषा के साथ साहित्य का उदय होगा और हिंदुस्तानी भी दूसरी सम्पन्न और सरसब्ज भाषाओं की मज़लिस में बैठेगी। हमारा साहित्य प्रांतीय न होकर क़ौमी हो जायेगा। इस अंग्रेजी प्रभुत्व की यह बरकत है क आज एडगर वैलेस, गाई बुथवी जैसे लेखकों से हम जितने मानूस हैं, उसका शतांश भी अपने शरत और मुंशी और 'प्रसाद' की रचनाओं से नहीं। टैगोर भी अंग्रेजी में न लिखते, तो शायद बंगाली दायरे के बाहर बहुत कम आदमी उनसे वाकिफ होते, मगर कितने खेद की बात है कि महात्मा गांधी के सिवा किसी भी दिमाग ने क़ौमी भाषा की जरूरत नहीं समझी और उस पर ज़ोर

नहीं दिया।

यह काम क़ौमी सभाओं का है वह क़ौमी भाषा के प्रचार के लिए इनाम और तमगे दें, उसके लिए विद्यालय खोलें, पत्र निकालें और जनता में प्रोपेगैंडा करें। राष्ट्र के रूप में संघटित हुए बग़ैर हमारा दुनिया में जिंदा रहना मुश्किल है। यकीन के साथ कुछ नहीं कहा जा सकता कि इस मंजिल पर पहुंचने की शाही सड़क कौन सी है। मगर दूसरी क़ौमों की साथ क़ौमी भाषा देखकर सिद्ध होता है कि क़ौमियत के लिए लाजिमी चीजों में भाषा भी है, और जिसे एक राष्ट्र बनाना है, उसे क़ौमी भाषा भी बनानी पड़ेगी। हम हकीकत को हम मानते हैं, लेकिन सिर्फ़ ख्याल में। उस पर अमल करने का हममें साहस नहीं है। यह काम इतना बड़ा और मार्के का है, कि इसके लिए एक आल इंडिया संस्था का होना जरूरी है, जो इसके महत्त्व हो समझती हुई इसके प्रचार के उपाय सोचे और करे।

लिपि का सवाल

भाषा और लिपि का सम्बन्ध इतना करीबी है कि आप एक को लेकर दूसरे को छोड़ नहीं सकते। संस्कृत से निकली हुई जितनी भाषाएँ हैं, उनको एक लिपि में लिखने में कोई बाधा नहीं है, थोड़ा-सा प्रांतीय संकोच चाहे हो। पहले भी स्व. बाबू शारदाचरण मित्रा ने एक 'लिपि विस्तार-परिषद्' बनाई थी और कुछ दिनों तक पत्र निकालकर वह आंदोलन चलाते रहे, लेकिन उससे कोई खास फ़ायदा न हुआ।

केवल लिपि एक हो जाने से भाषाओं का अन्तर कम नहीं होता और हिंदी लिपि में मराठी समझना उतना ही मुश्किल है, जितना मराठी लिपि में। प्रांतीय भाषाओं को हम प्रांतीय लिपि में लिखते जायें, कोई एतराज नहीं, लेकिन हिंदुस्तानी भाषा के लिए हिंदी लिपि रखना ही सुविधा की बात है। इसलिए नहीं कि हमें हिंदी लिपि से खास मोह है, बल्कि हिंदी लिपि का प्रचार बहुत ज्यादा है और उसके सीखने में भी किसी को दिक्कत नहीं हो सकती। लेकिन उर्दू लिपि हिंदी से बिलकुल जुदा है। और जो लोग उर्दू लिपि के आदी हैं, उन्हें हिंदी लिपि का व्यवहार करने के लिए मजबूर नहीं किया जा सकता।

अगर जबान एक हो जाये, तो लिपि का भेद कोई महत्त्व नहीं रखता है। अगर उर्दूदाँ आदमी को मालुम हो जाये कि केवल हिंदी अक्षर सीखकर वह टैगोर या महात्मा गांधी के विचारों को पढ़ सकता है, तो वह हिंदी सीख लेगा।

यू० पी० के प्राइमरी स्कूलों में तो दोनों लिपियों की शिक्षा दी जाती है। हर एक बालक उर्दू और हिंदी को वर्ण-माला जानता है। जहाँ तक हिंदी लिपि पढ़ने की बात है, किसी उर्दूदाँ को एतराज़ न होगा।

स्कूलों में हफ्ते में एक घंटा दे देने से हिंदी वालों को उर्दू और उर्दू वालों को हिंदी लिपि सिखाई जा सकती है। लिखने के विषय में यह प्रश्न इतना सरल नहीं है। उर्दू में स्वर आदि के ऐब होने पर भी उसमें गति का ऐसा गुण है, जिसे उर्दू जानने वाले नहीं छोड़ सकते और जिन लोगों का इतिहास और संस्कृति और गौरव उर्दू लिपि में सुरक्षित है, उनमें मौजूदा हालत में उसके छोड़ने की आशा नहीं की जा सकती।

उर्दूदाँ लोग हिंदी जितनी आसानी से सीख सकते है, इसका लाजिम नतीजा यह होगा कि ज्यादातर लोग लिपि सीख जायेंगे और राष्ट्रभाषा का प्रचार दिन-दिन बढ़ता जायेगा। लिपि का फैसला समय करेगा। जो ज्यादा जानदार है, वह आगे आएगी, दूसरी पीछे रह जायेगी। लिपि के भेद का विषय छेड़ना घोड़े के आगे गाड़ी को रखना होगा। हमें इस शर्त को मानकर चलना है कि हिंदी और उर्दू दोनों ही राष्ट्र-लिपि हैं और हमें अख्तियार है, हम चाहे जिस लिपि में उसका व्यवहार करें। हमारी सुविधा, हमारी मनोवृत्ति और हमारे संस्कराइ सका फैसला करेंगे।*

---

*बम्बई के 'राष्ट्र-भाषा-सम्मेलन' में स्वागताध्यक्ष की हैसियत से 27.10.34 को दिया गया भाषण।

नए प्रकाशन

बिस्वरूप राय चौधरी
डायनैमिक मेमोरी कंप्यूटर कोर्स
(परिवर्द्धित व संशोधित)

डॉ. उज्जवल पाटनी
पॉवर थिंकिंग

तरुण इन्जीनियर
पावर ऑफ पाजिटिव थिंकिंग

डॉ. कुमार विश्वास
कोई दीवाना कहता है

जौली अंकल
कहानियां जो राह दिखाएं

रेनू सरन
भारत के राष्ट्रपति

रेनू सरन
भारत के प्रधानमंत्री

सुदर्शन भाटिया
प्रणव मुखर्जी

वैद्य राजश्री कुलकर्णी, अभय कुलकर्णी
आयुर्वेदीय गर्भसंस्कार

राजेश चेतन
सीधी सादी बातें

सूर्या सिन्हा
सकारात्मक विचारों का जादू

दीपक बहल
सफलता की ओर
10 कदम

जोगिन्दर सिंह
माइंड पॉज़िटिव लाइफ पॉज़िटिव

शिशिर श्रीवास्तव
सफलता पाने की 8 शक्तियां

अमित कुमार
सफलतम कप्तान धोनी

नमिता जैन
4 सप्ताह में वजन घटाएं

नमिता जैन
टीन फिटनेस गाइड

नमिता जैन
आखिरी 5 किलो कैसे घटाएं

राजेन्द्र अवस्थी
काल-चिन्तन (6 भाग)
प्रत्येग भाग

ओ.पी.झा
मैनेजमेंट गुरु भगवान श्रीकृष्ण

मुंशी प्रेमचंद का सर्वश्रेष्ठ साहित्य

उपन्यास

नाटक

डायमंड बुक्स डायमंड पॉकेट बुक्स X-30, ओखला इंडस्ट्रियल एरिया, फेज-II, नई दिल्ली-20,
फोन : 011: 40712100